人生について
星が教えてくれること

for Working Girls

アストロロジー・ライター
Saya

人生について星が教えてくれること

Saya

CONTENTS

この本の旅のしかた

「月と星のワンダーランド」へようこそ！　この本には、私が星の世界を旅する間に星たちに教えてもらったことを書きました。あなた自身の心を知るためのたくさんの手がかりが詰まっているはずです。

LESSON 1　星を知る、自分を知る

12星座とあなたが生まれたときのホロスコープの読み方について、基本的な事柄が書いてあります。LESSON 2 を読むためには、占星術の基礎知識が必要なためですが、すべてを覚えようとしないでください。ここではまず自分を知り、星の世界に遊ぶエッセンスをつかんでほしいと思います。ぜひホロスコープを出力して読んでみてください。

LESSON 2　星を育てる

LESSON 1 を踏まえて、星とシンクロして生きる方法を私なりにお伝えします。年代ごとに星が与えるテーマと乗り越え方についても詳しく書きました。LESSON 1 から読まずに、LESSON 2 から読んでみて、わからないところを振り返ってもいいのです。手もとに置いて何度も読み返すうちに、あなたのなかにしだいに星の世界が育ち始めるでしょう。

プラネット・レッスン

LESSON 2 より少し詳しく、星まわりを読む秘訣を書きました。雑誌の星占いの記事を読まなくても、なんとなく自分の人生の行き先がわかるようになるかもしれません。転機のタイミングもつかめるようになるはず。

LESSON 3　見つけたいあなたの「おはなし」

リーディングの経験を踏まえて、ワーキング・ガールへのメッセージをまとめました。

LESSON 1 と LESSON 2 の間にある「12星座のワーキング・ガール」は、イラストがいっぱいのギャラリー。「どんな仕事が私に合うかわからない」と立ちどまってしまった人のために、星座ごとのお仕事の傾向も。

イラストレーション
長谷川洋子

装丁
五十嵐ユミ
(Pri Graphics Inc.)

プロローグ

月や星について書き始めて5年になります。もともと雑誌の編集者やライターをしていたので、占い師さんとはちょっと違うつもり。星について書くときはアストロロジー・ライターと名乗っています。占星術を意味するアストロロジー（astrology）には、〝星の会話、星の言葉〟という語源があるそう。「星の言葉の翻訳をしています」といつも説明しています。

最近では、マニアのものだった西洋占星術がトレンドのようになっていて、12星座の「星占い」は、西洋占星術の一部に過ぎないということは多くの人がご存じのようです。でも、そこから先が書かれているのは専門書になってしまい、一般向けの本がまだまだ少ないということで、ライターである私に白羽の矢が立ちました。星のフローを読み解くようになって、私は、カオスのなか手探りで生きるのではなく、宇宙に守られているという感覚を持てるようになりました。誰もがライフサイクルを自分で読めるようになったら、占い師さんに依存することもない。こんなに素敵なことはないと思います。この本も、だから自分のために星を知りたい人を念頭に置きました。

占星術に関しての私のスタートは遅く、勉強するようになったのは20代も後半になってから。以前は、ライフスタイルやインテリア分野が専門でした。インテリアと占星術では関係がないようですが、私の興味は、昔から美しいインテリアやクラフトのなかにある精神性にありました。星の言葉を紡ぐようになって、星の配置図であるホロスコープとインテリアの共通点にハッとしたことには、ホロスコープにも部屋があり、12のそれぞれの部屋に星が住んでいるのです。私が興味を持つのは、いつも「部屋」という内部空間とその住人にあるようです。しかも、そこにある調和のエネルギーを美しいデザインや言葉に編集し、記録することに「萌える」のでした。

美しいインテリアやクラフトには、「その人らしさ」という精神の柱があります。素敵な暮らしや人生にもその人の魂が現れています。占星術を好きになって、私が惹かれていたのはその人のスピリットが地上で体現している人生にあり、その錬金術のようなプロセス、その人だけの「おはなし」を解明したかったのだと明確になりました。生まれたときのホロスコープはその人の出生証明書であり、人生の設計図。究極の「その人らしさ」が現れたリビング・デザインです。ホロスコープにもとづいた人生が展開できれば、誰でもその人なりの花を咲かせられるのです。

それにしても、世の中にそれこそ星の数ほど占いがあるなかで、ささやかな連載ひとつで、「Ｓａｙａ」がみなさんに知られるようになったのはふしぎなこと。デビューが「エル・

オンライン」というインターネットの雑誌だったことが大きな理由でしょう。自分たちが読みたいものをそっと載せただけで読者の方たちに受け入れてもらえたのは、とても幸せな物語でした。コンピュータは、とてもパーソナルなメディアです。「今日も疲れたな」「明日から会社だなあ」とふと空いた時間にコンピュータを開くと、そこに月や星のメッセージがある。テレビと違い、誰かと一緒に見ることもない。なんだかいつも見守ってくれていて、1対1で会話をしているよう。読んでくださる方は、そんな気持ちなのではないかと想像しています。

ワーキング・ガールのために星の言葉を書きたい

私が西洋占星術に興味を持ったきっかけは、1999年の月食の晩に、著名な心理占星術研究家にお会いする機会があったこと。「月の星座は何?」と聞かれて魂が喜んでしまい、月と星のワンダーランドの扉を開けてしまいました。それからは占星術の本を片端から買って、お風呂のなかでも読むうちに、シンクロニシティによって星の世界に導かれていきました。とは言え、勤めていた出版社を退社し、フリーランスで忙しく仕事をするなかでのこと。学校に行くことはなかったのですが、それが時間をかけて自分らしいリーディングや世界観を育てることにつながったようです。
そのため、「エル・オンライン」でも、働いてきた実感を生かして、自分と同じような有職女子を励ますものを書こうと思いました。遠まわりをしたように思われるかもしれませんが、今までの経験すべてが星の言葉を書くには生きているのを感じます。「好きなことを仕事にしたい」と小さなインテリア雑誌の編集部に飛び込んだこと、海外提携誌に転職したこと、契約社員から正社員になったこと、フリーランスとしてさまざまな出版社とおつきあいしたこと。私の小さな成功も、失敗もみんなの助けになるかもしれないと思いました。

星の世界と離れてしまうようですが、1971年生まれの私は、「これからは女性も仕事をしたほうがいい」という東京の自由な空気のなかで思春期を過ごした「早稲女」(ワセジョ=早稲田の女子学生)です。女性が仕事をすることにまだ夢を感じられた世代ですが、大学卒業を目前にバブルが弾け、就職に苦労したロストジェネレーションの走りでもあります。20代は、大手資本の出版社でも働いてみて、組織で偉くなりたいわけでも、男性並みに身体性を無視して働きたいわけでもないとわかりました。主体的に「太陽を生きる」お手本が上の世代に少ないので、仕事のクオリティはプロとしてキープしながら、女性らしい身体性を否定することなく、経済的にも自立するにはどうしたらいいのか、それを模索してきた世代だと思います。

20代に新聞系の出版社で国公立大卒の才媛たちと机を並べていた時期があります。彼女たちは、男女雇用機会均等法の第一世代でキャリア志向。なぜだかそこにまぎれ込んでしまった私は、「一般の女性に向けた生活雑誌なのに特別に頭のいい、生活実感のない人たちだけで作るのはおかしくないかな。普通の女の子はもっときれいなもの、素敵なものが好きなのに」とぼんやり思っていました。こんな経歴からか、私自身も時たまキャリア・ウーマンのように言われることもありますが、とんでもない。「自分らしさを生かして働くこと」を才能などない普通の女の子が探してきただけ。素敵な大人にはなりたかったけれど、私は私でいたかっただけなのです。

女性誌や生活誌の世界では、男女差別もない代わりに、女性だからと優遇されることもありません。容赦ない女性編集長たちにしごかれつつ、新しい時代をサバイバルするなかで、私のなかの「ガール」が苦しくなったときに慰めになったのが星の言葉でした。家と会社の往復をくり返して、心がカラカラに乾いてしまったとき、月や星が見守ってくれていると想像するだけで優しい気持ちになりませんか。夜空を見上げながら、がんばるすべての女性たちの心に、本当は「ガール」がいる。その人たちのために星の言葉を書きたいと思いました。この本のタイトルに、〝for Working Girls〟と添えたのもそのためです。

★東京発のアストロジー

もうひとつ頭にあったのは、「東京発のアストロジー」です。90年代に海外提携誌を作ってみて、ファッションと違い、「life（=命、人生、生活、生き方）」は、読む人にとってリアルでないと伝わらないと学んでいました。日本の読者の方に共感してもらうには、海外のものをただ持ってきても仕方がない、きちんとした日本語で伝えないといけないと身に染みていたので、東京で働くリアルな実感にもとづき、本当の言葉で心癒すものを届けたいとも思いました。

背景には、感度のよい東京の有職女子たちの間で星やスピリチュアルへの関心が高まっていたことがありました。連載を立ち上げてくれた編集者の友人と出会ったのも、そんな星好き、宇宙好きの女子たちが集まる「女子会」の走りのような晩でした。頭でひねり出した企画と違い、現実にあるエネルギーの渦のなかから生まれたので、読者の方たちの心にも響いたのではないかと思います。

それが、だんだんに東京だけでなく、日本中、世界中からメールが届くようになりました。日本の南端、波照間島で出会った女の子が読者だったこともありますし、最近では韓国の方から、自動翻訳機でハングルに訳して読んでいるとファン・メールをいただきました。また、世界各地でがんばる日本のワーキング・ガールたちも読者です。南米、NY、ヘルシンキ、ウィーン……東京の実感にこだわったら、世界にたどり着いたのです。ワーキング・ガールの実感は、いずこも同じなのだと嬉しくなりました。「ブリジット・ジョーンズの日記」や「セックス・アンド・ザ・シティ」などが世界中で大流行したのも、みんな悩んでいることは同じだから。大人女子が自分らしさを模索することが同時代的なテーマだったからだと思います。

40代に突入した今の私は、沖縄に拠点を移し、スローライフを実践中。今でこそワーキング・ガールの頼れるお姉さんのように思われているようですが、自分なりの冒険と同時に、たくさんの失敗も重ねてきたことを考えるとなんだか面映い。でも、東京でがんばった20代、30代の実感は今も宝もの。昔の私がそうであったように、悩みながらも自分の足で立とうとするワーキング・ガールを応援したいというのは今も変わりません。

あなたに合う占いを選ぶ

ここからは、「星占い」や占星術との関わり方について、私の考え方をお話ししてみます。「星占い」と総括される西洋占星術に関するコンテンツは、雑誌、テレビ、インターネットなどあらゆるメディアにあるので、それぞれ違うことを言っているように思われても仕方がないところがあります。いわゆる「おひつじ座」「おうし座」生まれというのは、生まれたときに太陽のある星座のこと。西洋占星術のメディアに携わる人は同じ星の動きを追っているのですが、その人のエネルギーやバックグラウンドによっても、翻訳には違いが出ます。下ろしている言葉が象徴言語なので、英語やドイツ語から日本語に変換する以上にむずかしく、星を読んでいる人の主観が入ってしまうのです。

さらに時代性もあります。昭和の時代の占星術のテキストには、「女性は結婚すると太陽を夫に預けて月になるので、月で運勢を読みましょう」と書いてあったりします。実は、ひとりひとりが太陽系の天体すべてを持っています。月の星座も、金星の星座もあるので、専業主婦やフリーランスで家にいる時間が長く、社会と接する時間が少ないと、しだいに月が強くなるのは確か。オフィシャルな場には太陽が、プライベートの場には月がよく現れるからです。でも、現代のビジネスシーンにおいて女性が月中心でいたら流されるばかり。占星術の本が同じようなテーマでくり返し書かれるのも、時代に合わせた理解と読み方が求められるからなのです。

また占星術にはジャンルがあることを知っておくといいでしょう。心理占星術で研鑽を積まれた方は、心理カウンセリングのようなアプローチを好みますし、エレクショナル占星術では、「この時期にこういうことをするといい」といった開運的なアプローチになります。政治経済に関する占星術を専門とする方、西洋占星術の歴史研究をされている方は、女性の悩みには興味がないかもしれません。星占いを読む場合、美容師さんを選ぶときのようにあなた自身がピンと来る文章、「なんとなく好き」と思うものを参考にするのが一番です。

受け取っている？　星のフロー

最近でこそペースを落としていますが、読者の方のホロスコープは1000枚以上、見ているでしょうか。みなさんとお話をするうちに、星にシンクロしている人とそうでない人がいることに気づくようになりました。星占いが当たる人と当たらない人がいるのです。その違いは、ハートで生きているかどうかにありました。自分に正直な人には星からのメッセージも届いているし、両親や世間に合わせて動いている人には届かないのです。どちらの運がいいかと言うと、自分に正直で、宇宙とシンクロしている人なのでした。だんだんに私は、こうイメージするようになりました。私たちは、ひとりひとり違う星の種を手に生まれている。それを意識すると星のアンテナとなって、刻々と変わる宇宙からのメッセージを受け取れる人になる。このアンテナが育っていれば、フローがつねにハートに注ぎ込まれるので尽きることがないのだと。先行きがどうなるかコントロールしなくても、宇宙に見守られている安心感とともに、自分らしくいられるようになるのです。

星のアンテナが折れてしまっている人は、フローが停滞しています。リンパが詰まれば身体がむくむように、同様のことが心のなかでも起こっている。こうしたときの私は、ボディのセラピストと同じように心のデトックスに力を注ぎます。その人の人生の立ち位置や魂が望んでいる計画とのずれも見ます。目詰まりとはその人の心の癖。思い込みや価値観はもう手放していいのだと理解してもらい、くたびれた心をまっすぐにします。でも、最終的に選択するのはその人しだい。挑戦しなければいけないテーマは必ずやってきますが、その結果をポジティヴにするのも、ネガティヴにするのもご本人です。

★ 心のセルフケアとして、星とつきあう

人生の転機は、ホロスコープ上の太陽、土星など意思決定に関わる天体や感受点に、土星以遠の天体が来たときに起こることが多いものです。自分のホロスコープを知っていれば判断に迷うことは少なくなりますし、大きな流れのなかで立ち位置がわかるので、直観を信じて動けるようになるのです。

日々のバイオリズムでは、約2日半で星座を移動する月や惑星の「逆行」期間が使いや

すいでしょう。この「逆行」は、太陽と違う方向に惑星が動いているように見える時期のことで、物事の進みが遅くなったり、混乱したりとエネルギーが内向きになるのを私は感じます。こうした時期は、惑星によっては何か月も続くことがあるので、知っていると、スケジューリングに役立ちます。

たとえば、大きな仕事が決まらないとき、天体が「逆行」していることがよくあります。「あと3か月、順行になる6月にはだいたい見えているだろう」と思っていると、その通りになるので、イライラしたりせず、棚上げできるようになりました。システム異常が発生しやすいとされる水星「逆行」期間は、旅に出るのを避けることもあります。でも、無理はせず、どちらか選べるなら、いい時期にスタートしようくらいのスタンスです。すべてをコントロールしなくてもフローとシンクロしていれば、自然とぴったりの日に動いているものです。

ただ私は日々、星を気にしすぎることもないという主義です。人間どうしもお互いの自立を守り、波長がシンクロすれば気持ちよくつきあえますが、どちらかが依存したり、コントロールしたりすると機能不全に陥るもの。占星術とのつきあい方も同じ。占いとは心の余裕を持ってつきあってほしいと思います。しょっちゅう占い師さんのところに通っていると、自分の頭で考えなくなってしまうかもしれません。どうしても依存や支配が生まれやすいので、プロにリーディングしてもらうのは時たまで十分だと思います。

私のリーディングを経験し、「星というのは本当のことかもしれない」と感じると、知的好奇心の旺盛な彼女たちのこと。今度は、「星を学びたい」という声が強くなって、しだいにワークショップも開くようになりました。みなさん、興味のあることへの自己投資をいとわない、とても素敵な人たちです。占いに依存するのではなく、むしろその反対。自分以外の誰かにパワーを受け渡さないで済むよう、自分のために占星術を学ぼうとするのです。仕事にするには適性や経験も問われますが、シェフでなくても料理は作るし、歯医者でなくても歯は磨くように、ホロスコープを使い、自分の心とつながるのは誰にでもできることだと思います。

星の言葉を翻訳しているときの私は触媒のようです。「未来を当てたい」というより、そのとき必要なメッセージを下ろしているだけなので、「占い」ではないような気もします。この本では、「当たる、当たらない」から離れて、星の世界のエッセンスをできるだけわかりやすくお伝えしてみるつもりです。象徴としての星や星座のイメージ、そして、心のなかに豊かな星の世界を育てることを少しでもお伝えできたら、こんなに嬉しいことはありません。

LESSON 1

星を知る、自分を知る

十数年前、私が西洋占星術に興味を持ってまず驚いたのは、実際に、宇宙を運行する天文現象を追うものだったことでした。そして、17世紀のヨハネス・ケプラーくらいまでは、天文学者が占星術師でもあったことを知りました。今は、パソコンの普及によって天体の位置を手で計算することはなくなりました。天文学では、宇宙の物理的な仕組みを研究しますが、占星術では天体の動きに意味を見出します。天体と地上の万物の現象が人間の人生も含めて、シンクロしているという世界観だったのです。

科学の時代に、占星術は心理学という学問のなかで生き延びました。でも、私自身は、アカデミックな世界にはない占星術の自由さやアンダーグラウンドな感じが好きです。心の勉強を専門にしたわけではないので、占星術が学問であると主張する立場にはありません。せっかく学会にも規制にも縛られず、自由にものが言えるツールなのに、わざわざ学問にすることもないというのは女子ならではの発想でしょうか。

「絶対にこうなる」とは言えなくても、人々の心の深いところに訴えかける力がある……リアルとファンタジーの間のかけ橋であり、人生のバランスを取るガス抜きとして、占星術にはおおいなる可能性があると思っています。いかめしい顔をした大きな企業の社長さんなども占いとなるとふっと少年の顔がこぼれたりする。星の言葉は、ハートの扉をノックする鍵なのです。占星術は「時を見るもの」という語源があるように世界を見る眼鏡。ここからは、占星術の世界観をご案内しましょう。

Zodiac and Signs

ゾディアックとサイン

最初に頭に入れたいのがゾディアック。12宮が並ぶ、太陽や月、惑星の通り道

占星術の世界を探検するときに、まず頭に入れてほしいのが「ゾディアック（獣帯）」という概念です。その昔の理科の教科書を思い出してほしいのですが、天球における太陽の見かけの通り道を天文学で「黄道」（こうどう、おうどう）と呼びますね。地球から見ると、太陽はいつも黄道を動いているように見えます。この太陽の軌道に沿って、月や惑星も運行しています。太陽だけでなく、月や惑星も、黄道に9度ずつ幅を持たせた黄道帯からはみ出すことがないので、その背景となる黄道にある12の星座（コンステレーション）は、古代から重視されてきました。でも、夜空の星座を思い浮かべてみてください。そのままでは、大きさがばらばらで、とらえどころがありません。そこで、古代の人たちは、太陽の軌道上にある春分点から、東まわりに30度ずつ黄道帯を区切って、12宮としました。そのひとつひとつが占星術で使われる星座（サイン）です（日本では、一般にはサインも「星座」と

呼ばれているので、この本では「星座」を使います)。

なんだかむずかしくて、眠くなってしまう人もいるかもしれませんね。春分点を基準に、太陽が通る天の道を12分割したものが12宮で、それぞれの領域をおひつじ座、おうし座、ふたご座、かに座、しし座、おとめ座、てんびん座、さそり座、いて座、やぎ座、みずがめ座、うお座と呼んでいることを頭に入れていただければ、ここでは十分です。この12宮が連なる帯のことは、ゾディアックと呼ばれていますが、ヨーロッパの古い町などを歩いていると、あちこちで12のサインが描き込まれたゾディアックに出くわします。羊や牛などサインに割り当てられたトーテムは、干支のようなもので、魔除けやお守りとして西洋の人たちの生活に根差し、愛されているのです。ゾディアックは、私には太陽の意識の光が満ちた、エネルギーの帯に思えます。

各星座にはシンボルマークがあるので、アルファベットのようにこのシンボルマークをまずは覚えてしまうと、訳のわからない記号の羅列に過ぎなかったホロスコープが立体的に見えてくるでしょう。

◎ゾディアックの12宮

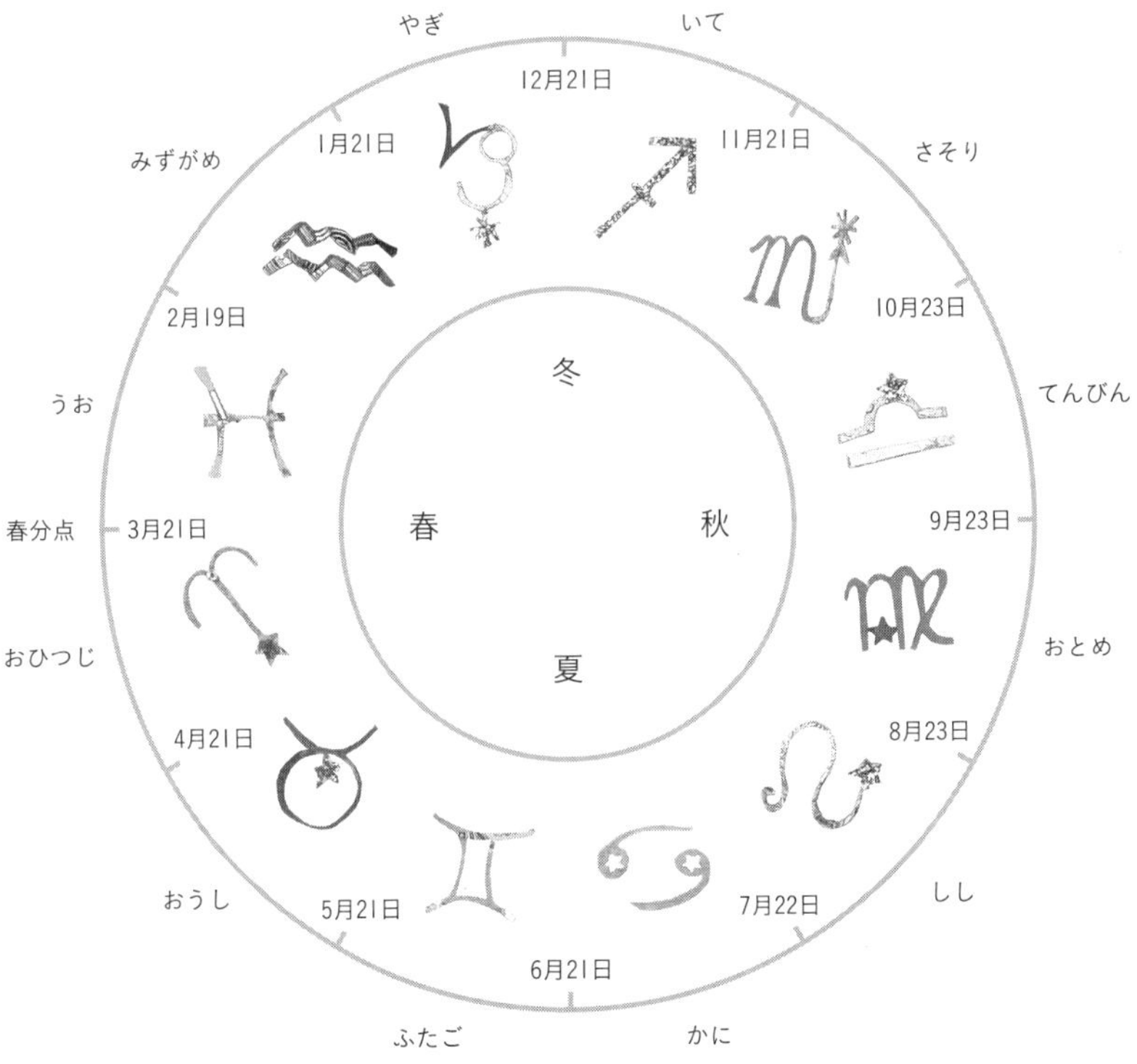

太陽の通り道を12に分けたゾディアックの12星座（サイン）は、春分点を基準に、おひつじ座♈、おうし座♉、ふたご座♊、かに座♋、しし座♌、おとめ座♍、てんびん座♎、さそり座♏、いて座♐、やぎ座♑、みずがめ座♒、うお座♓と続きます。境の日は年によって変わることがあります。

COLUMN

ゾディアックにあるサインは、それぞれにエネルギーがある

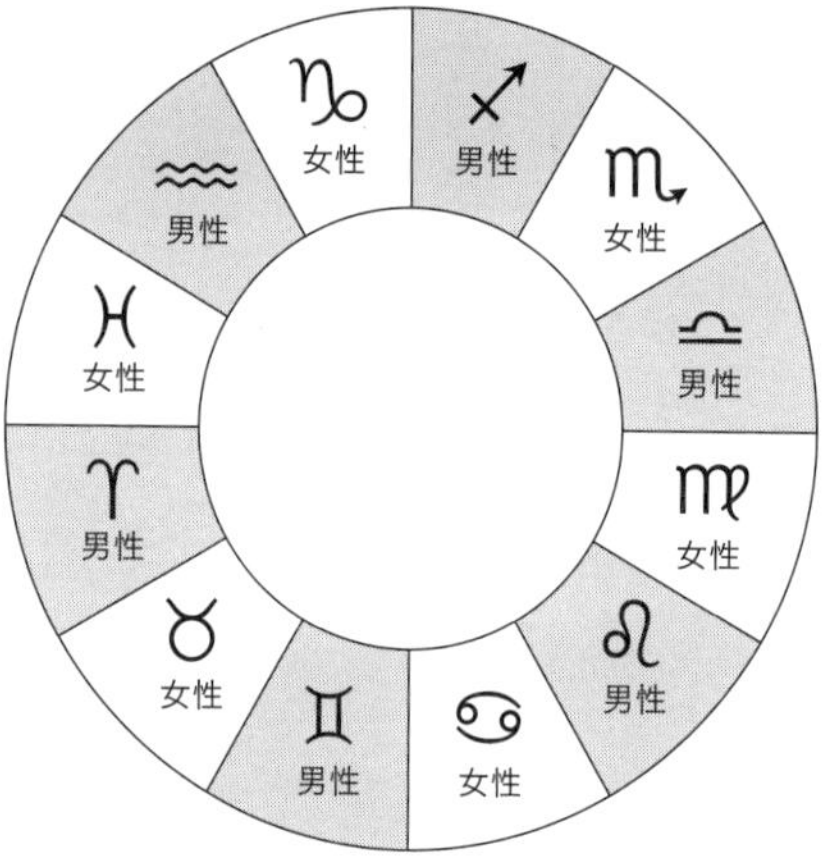

男性星座と女性星座

男性星座と女性星座が交互に配されており、男性星座は能動的、女性星座は受動的な性質があります。

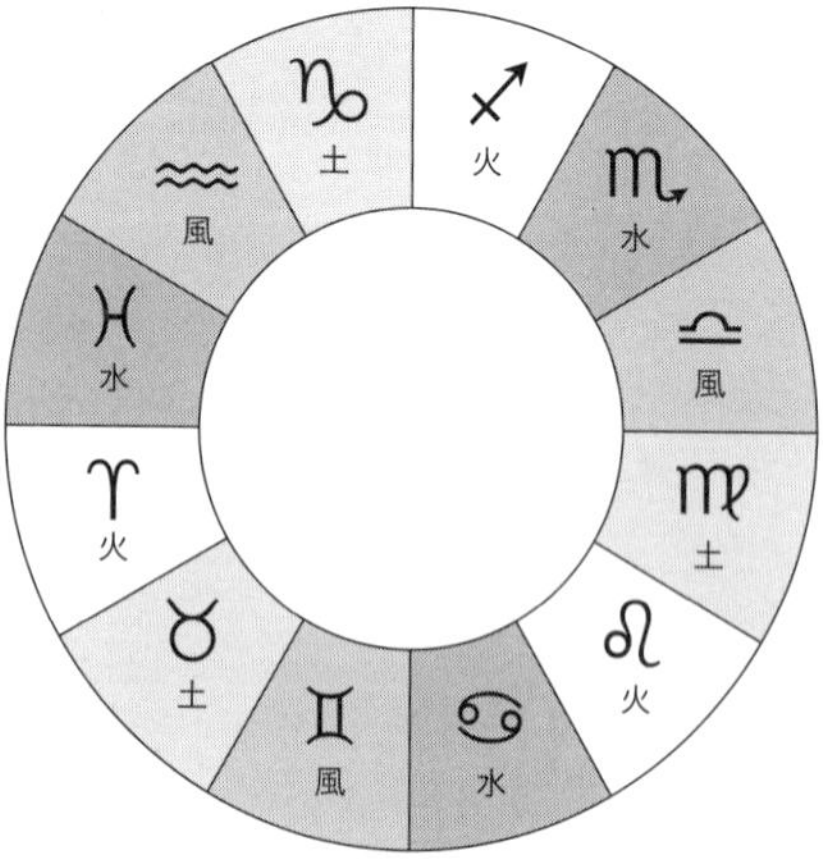

4つのエレメント

火、土、風、水の順に4つのエレメントの星座が3回、くり返されています。火のエレメントは直観、土のエレメントは感覚、風のエレメントは思考、水のエレメントは感情を象徴するとされています。

たとえば、おひつじ座を例にとると、男性星座だから能動的、火のエレメントだから直観的、活動星座だから活発に動きまわる……と重ね合わせるだけでも、おひつじ座の性質が見えてきます。そして、これらは守護星である火星の性質とも親和性があるのです。

モダリティ

活動、不動、柔軟という分け方もあります。活動星座、不動星座、柔軟星座が４回、くり返されます。活動星座はその名の通り、立ち上げ、動きまわる性質をもち、不動星座は変わらないことを好みます。柔軟星座は変わることを怖がりません。

守護星

それぞれの星座には、守護する惑星があります。

1番目のサイン

♈ おひつじ座

男性星座（能動的）／火のエレメント（直観的）／
活動星座／守護星は火星

● キーワード

海から飛び出した裸の存在／生まれたてのベビー／燃えるような赤／スポーツ／エネルギッシュ／牡羊のような荒々しさ／無邪気さ／活発さ／率直さ／単純さ／競争／開拓精神

プレーンな点のようなエネルギー。
燃え立つ火。生命の原点。

2番目のサイン

♉ おうし座

女性星座（受動的）／土のエレメント（感覚的）／
不動星座／守護星は金星

● キーワード

草をはむ牛のような穏やかさ／はいはいを始めた幼児／心地よさ／感覚／五感／所有欲／安定／美／官能／オールドローズのようなピンク／贅沢さ／食欲／現実感覚／スローペース

ぎゅっと握りしめるエネルギー。
開拓したものを所有する。動じずに進める。

3番目のサイン

ふたご座

男性星座（能動的）／風のエレメント（思考的）／
柔軟星座／守護星は水星

キーワード

小学生の子どものようなにぎやかさ／少年っぽさ／
コミュニケーション／二面性／ペールカラー／暗いものを嫌う／
神経の細さ／伝達／クールさ／流動性／知識／好奇心／如才なさ

とらえどころのない風のようなエネルギー。
宙に舞い、グランディングを嫌う。

4番目のサイン

かに座

女性星座（受動的）／水のエレメント（感情的）／
活動星座／守護星は月

キーワード

母親のようなエネルギー／感情／居場所／家庭／家族／群れ／
インテリア／日用品／親しさ／愛情／くつろぎ／安心感／
乳白色／思いやりのある／記憶力／神経質／過去に戻る

川や海ではなく、池のような囲われた
場所に溜まる水のエネルギー。
砂浜の小さな蟹が出入りする巣穴のよう。

5番目のサイン

しし座

男性星座（能動的）／火のエレメント（直観的）／
不動星座／守護星は太陽

キーワード

夏休みの子ども／創造性／無邪気さ／遊び／冒険／ドラマ／
ロマンス／生命の喜び／夏の光／ゴールド／王族／プライド／
ダンス／自信／誇り高さ／創造性／自己表現／情熱

狩りをするとき以外は動かないライオンのように、
普段は穏やかで動じないが、突然に燃え立つ。
真夏の太陽の光のようなエネルギー。

6番目のサイン

おとめ座

女性星座（受動的）／土のエレメント（感覚的）／
柔軟星座／守護星は水星

キーワード

処女性／祈り／環境／純粋さ／夏休みのあとの学校／細やかさ／
審美眼／分析／批判精神／正確さ／手仕事／農業／紙／
ステーショナリー／几帳面さ／有能さ／謙虚さ／健康

煉瓦を積み上げ、家や庭を作る段取りや構築のエネルギー。
言葉をつかまえて記録する。あまり広がりはない。
与えられたものを改善しようとする。

7番目のサイン

てんびん座

男性星座（能動的）／風のエレメント（思考的）／
活動星座／守護星は金星

キーワード

美／愛／調和／平和／リスペクト／判断／ファッション／優美さ／
モノトーン／スタイリッシュ／クールさ／パートナー／つながり／
社交性／上品さ／愛想のよさ／虚栄心

点と点が向き合うような、バランスのエネルギー。
正しい答えを求めて迷い続ける。調和のなかにある美。
他に対して、美しく見せることに意識が向かう。

8番目のサイン

さそり座

女性星座（受動的）／水のエレメント（感情的）／
不動星座／守護星は冥王星

キーワード

支配／集中／極性／不変／統制／生死／再生／変容／見えない世界／
一体化／献身／性／辺境／エスニック／官能／神秘性／
抵抗できない魅力／磁力のある／深める／究極のもの

見えない触手でコントロールし、変容させるエネルギー。
極限まで突き詰め、内奥に到達しようとする。

9番目のサイン

♐ いて座

男性星座（能動的）／火のエレメント（直観的）／
柔軟星座／守護星は木星

● キーワード

ここではないどこかへ／自由奔放さ／飛び続ける／魂／野生味／
スピリチュアリティ／癒し／旅／海外／高等教育／ポジティヴ／
理想主義／正直さ／倫理性／向上心のある

極限まで行ったさそり座のエネルギーが開放され、
拡散される。まとまりがないが、開かれている。

10番目のサイン

♑ やぎ座

女性星座（受動的）／土のエレメント（感覚的）／
活動星座／守護星は土星

● キーワード

山に登り続ける／努力／まっすぐな道／達成／結果／社会的／
正しさ／野心／社会貢献／伝統／長く続くもの／時／信頼／
約束／ルール／計画性／直線的／勤勉さ／慎重さ

山を登りつめる頂上まで行こうとするエネルギー。
直線的で、正確なリズムを刻む。

11番目のサイン

みずがめ座

男性星座（能動的）／風のエレメント（思考的）／
不動星座／守護星は天王星

キーワード

革新／新世代のビジョン／抵抗／シェア／個人主義／ユニセックス／
インターネット／電気／最先端（エッジ）／変化／進歩／平等／
友好／独創的／慣習を破る／革新性

壁を壊すブルドーザーのような衝撃、
雷のようなエネルギー。やぎ座までで積み上げたものを
横方向に、一度に均一にならす。

12番目のサイン

うお座

女性星座（受動的）／水のエレメント（感情的）／
柔軟星座／守護星は海王星

キーワード

海／集合無意識／芸術／歌／魂／奉仕／自己犠牲／甘え／母子／
依存／愛／夢／優しさ／想像力／スピリチュアリティ／受容性／
融合／幻想的／情緒的／サイキック／自己犠牲

境界を曖昧にし、海のように、
ガスのように広がり続けるエネルギー。

Planets and Zodiac
天体とゾディアック

天体がゾディアックを通ると、フローが生まれる

ゾディアックの12宮が大切にされたのは、太陽や惑星の通り道だからだとお話ししました。ゾディアックは、無数の星が散らばる夜空のなかで、天体という神々が通るシャンゼリゼのようなものです。次は、ゾディアックをめぐる天体にフォーカスしてみましょう。

政治、経済、ファッションなどに流れがあること、トレンドやうねりがあるのは誰もが感じていること。こうした時代の流れ、フローが宇宙から来ていると占星術の世界では考えます。フローを作り出しているのが、ゾディアックをめぐる天体です。天体にはそれぞれ象徴する性質があり、ある天体がゾディアックの星座を通過すると、その星座のエネルギーを帯びた天体の性質が地上に持ち込まれます。愛と美を象徴する金星がしし座を通ると、人々の好みも華やかになるというように読むのです。

地球も太陽系の一員なので、マクロの流れに地上にいるミクロな私たちもシンクロしているわけです。人間が太陽とともに起き出し、日が沈むと寝る。海は、月のサイクルで満

ち引きし、女性の月経も影響を受けるのもまた当たり前のこと。身体に影響があるのに心にだけないというのもおかしな話。私たちが宇宙のなかで生かされ、シンクロしているのは、本当は、わざわざ説明する必要もないのかもしれません。

天体は、いつも動いていてとどまることがありません。この太陽系のダイナミックな動きが「時」を作り出しているとも言えるのです。川のような「時」のフローがあるとまずイメージしてみてください。私たちは生まれた以上、全員がその川を泳がなくてはいけないのですが、どうせなら強い流れでも押し流されたり、溺れたりすることなく進みたいと思いませんか。どんなふうに泳いだら、すんなりとフローに乗れるのかを見るのが占星術でもあるのです。

天体がゾディアックを進むペースは、それぞれ違います。星々の行進は、堅苦しく整列したものではなく、王である太陽と月の女王のまわりを、「阿波踊り」のように、めいめいが勝手にダンスしているようです。太陽は、ゾディアックを1年かけてめぐります。水星や金星も、太陽の近くを離れないので約1年ですが、月は極端に早いサイクルで動き、約27日でゾディアックをめぐります。火星は約2年、木星は約12年、土星は約29年半と太陽から遠くなるにしたがい、どんどんサイクルが長くなるのです。

ここでは、ゾディアックの各天体の性質とサイクルを頭に入れてください。

ハイペースなプラネット

天体には足の速いものと遅いものがあります。
太陽からの距離に比例して、ゾディアックをめぐるスピードが遅くなります。
ひとつの星座への滞在は、月の約2日半から火星の約40日まで。
太陽、月以外は「逆行」期間があり、さらに長い滞在になることがあります。
天体にもシンボルマークがあります。

☉ 太陽のサイクル

太陽の動きにもとづいて暦が定められているので、当然のことながら、太陽は、ゾディアックを1年かけてめぐり、同じ季節に同じ星座（サイン）にやってきます。太陽は意識の光であって、約ひと月で次の星座へ移るので、毎月の流れを見るのに適しています。私の実感では、月代わりでやってくるような誰にも共通の短期的なテーマという感覚です。たとえば、太陽がおとめ座にある秋分前のひと月は、世の中全体がおとめ座らしくなり、仕事や環境への意識が強くなる。冬に備えて段取りよく物事を進め始めます。

☾ 月のサイクル

地球の衛星である月は動きが速く、約2日半で次の星座へ移り、ひと月足らず（約27日）でゾディアックを一周するので、日々の「気分」を見るのに適しています。月は、感情や記憶を運ぶ触媒で、たとえば、月がおうし座にある日は、世の中全体の気分がおうし座らしくなるということです。アロマトリートメントのサロンやレストランが実際、混み合うのを私は感じます。新月のときは、ゾディアックで月と太陽が同じ星座にあり、満月のときは、反対の星座にあります。

☿ 水星のサイクル

太陽の伝達者とされる水星は、コミュニケーションや思考など知性や精神性を象徴します。水星の軌道は太陽のそばを離れないので、水星の星座はつねに太陽の星座と同じか、隣の星座。太陽がおとめ座にある時期、水星は、しし座、おとめ座、てんびん座のいずれかにあるわけです。水星がしし座にあるときには直観的かつややセルフィッシュに、おとめ座にあるときには緻密に、てんびん座にあるときはバランスよく……。そんな具合に、世の中全体の思考のベクトルがその星座の性質を帯びます。水星は約14日、ひとつの星座に滞在しますが、見かけ上、「逆行」する時期が年に3回あり、そのときは、ひとつの星座への滞在はもっと長くなります。

♀ 金星のサイクル

金星の軌道も太陽とそう離れないので、毎年、ゾディアックの同じ星座に戻ってきます。金星の星座はつねに、太陽と同じか、2つ隣の星座までになります。たとえば、太陽がてんびん座にあるとき、金星は、しし座、おとめ座、てんびん座、さそり座、いて座のいずれかにあるというわけです。金星は、ひとつの星座に約26〜30日滞在しますが、1年半に1回くらい、「逆行」します。「逆行」期間をはさんだ2012年は、ふたご座に4か月も滞在しました。金星は、愛と美の象徴です。金星のある星座によって愛や楽しみについての人々の欲求の傾向が変わります。金星が「逆行」するときは、恋人や親友どうしでもけんかが増える傾向があります。愛のマイナス面であるジェラシーが出やすくなるのです。

♂ 火星のサイクル

火星は、約2年でゾディアックを一周し、同じ星座に戻ってきます。約40日、ひとつの星座に滞在しますが、2012年は、「逆行」が2か月半ほどあったので、半年以上もおとめ座に滞在しました（火星は、「逆行」のない年もあります）。その間、おとめ座の段取りや緻密に積み上げる性質が重視されていましたが、反面、おとめ座の批判精神が行きすぎたところもありました。大きなプロジェクトを進めるときなどは、そのときの火星の星座とサイクルが参考になります。

スローペースなプラネット

ゆっくりと動くものも2つに分けられ、木星と土星は、足の速いものと極端に遅いものの中間くらい。土星より遠いものは、人間の一生ではゾディアックをすべて経験できないほど、ゆっくりと動きます。

ひとつの星座への滞在は、木星の約1年、土星の約2年半から、冥王星の約14〜16年まで。時代を読むのに適しています。

♃ 木星のサイクル

木星は、約12年に一度、ゾディアックの同じ星座に戻ってきます。木星は、物事の本質を拡大する天体ですから、たとえば、木星がいて座に滞在すると、いて座が象徴するエネルギーがわかりやすく広がります。啓蒙する、学ぶ、精神性が高まるなどです。約1年、ひとつの星座に滞在するので、その年のトレンドを見るのに適しています。

♄ 土星のサイクル

土星は、ひとつの星座に約2年半滞在し、約29年半に一度、ゾディアックの同じ星座に戻ってきます。土星は、物事の本質を鍛える天体。土星が滞在する約2年半、その星座の性質が世の中全体のルールのようになります。誰でも自由に取り入れればいいトレンドではなく、知らないといけないような常識になるのです。

♅ 天王星のサイクル

天王星は、約84年に一度、ゾディアック上の同じ星座に戻ってきます。天王星は、ひとつの星座に約7年、滞在しますが、その星座のエネルギーを革新的なビジョンとして持ち込みます。天王星が入ると、その星座のもっともエキセントリックな部分が現れやすく、その星座の性質がエッジィになります。２０１２年現在はおひつじ座にあります。

♆ 海王星のサイクル

海王星は、約１６５年に一度、ゾディアックの同じ星座に戻ってきます。海王星は２０１２年12月現在、守護星座であるうお座にあります。海王星は、ひとつの星座に約13～14年、滞在し、ひらめきとともに境界を曖昧にし、ガスのようにぼんやりした夢や不安、退廃的なムードをもたらすこともあります。

♇ 冥王星のサイクル

冥王星は、約247年に一度、ゾディアックの同じ星座に戻ってきます。冥王星は、2012年現在、やぎ座にありますが、楕円軌道を描く冥王星は、ひとつの星座に約14～16年、滞在します（もっと長いときもあります）。よく冥王星は破壊と再生をもたらすと言われますが、パンドラの箱でも開けるように、冥王星の入った星座の性質の暗部が表に出てきます。

※ひとりの人生では経験できるサイクルがかぎられます。土星のサイクルではゾディアックを2回から3回、天王星ではゾディアックを1回経験できるかどうかでしょう。海王星や冥王星については、人の一生ではゾディアックの12宮すべてを経験できません。

COLUMN

『占星天文暦』を手に入れる

NOVEMBER 2012

Day	Sid.Time	☉	0 hr ☽	Noon ☽	True ☊	☿	♀	♂
1 Th	2 41 16	8♏35 42	28♉11 2	4♊ 5 11	26♏ 1.5	1♐51.5	3♎43.8	17♐41.7
2 F	2 45 12	9 35 43	9♊58 46	15 52 9	26 2.0	2 31.1	4 56.7	18 26.0
3 Sa	2 49 9	10 35 46	21 45 43	27 39 54	26 3.1	3 5.4	6 9.6	19 10.3
4 Su	2 53 6	11 35 50	3♋35 9	9♋31 59	26 4.5	3 33.8	7 22.6	19 54.8
5 M	2 57 2	12 35 57	15 30 53	21 32 25	26 5.9	3 55.7	8 35.7	20 39.2
6 Tu	3 0 59	13 36 6	27 37 8	3♌45 35	26 6.9	4 10.5	9 48.9	21 23.8
7 W	3 4 55	14 36 17	9♌58 20	16 15 56	26R 7.4	4R 17.6	11 2.1	22 8.4
8 Th	3 8 52	15 36 30	22 38 55	29 7 44	26 7.4	4 16.1	12 15.4	22 53.1
9 F	3 12 48	16 36 46	5♍42 50	12♍24 32	26 6.8	4 5.6	13 28.8	23 37.8
10 Sa	3 16 45	17 37 3	19 13 3	26 8 30	26 6.0	3 45.5	14 42.2	24 22.6
11 Su	3 20 41	18 37 22	3♎10 50	10♎19 50	26 5.0	3 15.4	15 55.8	25 7.5
12 M	3 24 38	19 37 43	17 35 8	24 56 10	26 4.2	2 35.3	17 9.3	25 52.4
13 Tu	3 28 34	20 38 6	2♏22 11	9♏52 17	26 3.6	1 45.4	18 23.0	26 37.4
14 W	3 32 31	21 38 30	17 25 27	25 0 32	26D 3.3	0 46.2	19 36.7	27 22.5
15 Th	3 36 28	22 38 57	2♐36 19	10♐11 37	26 3.3	29♏38.8	20 50.4	28 7.6
16 F	3 40 24	23 39 25	17 45 14	25 16 4	26 3.5	28 24.7	22 4.2	28 52.8
17 Sa	3 44 21	24 39 55	2♑43 7	10♑ 5 33	26 3.6	27 6.1	23 18.1	29 38.1

はじめて見た人がよく「電車の時刻表のよう」と表現する『占星天文暦』の一部を模したもの。惑星や星座のシンボルマークや度数の数字が並んでいます。時差があるので、アメリカにはアメリカの、イギリスにはイギリスの、日本には日本の天文暦があります。アマゾンなどで購入できます。

COLUMN

アルファベットのように、惑星や星座のシンボルマークを覚える

☉ 太陽
☽ 月
☿ 水星
♀ 金星

♂ 火星
♃ 木星
♄ 土星
♅ 天王星

♆ 海王星
♇ 冥王星

♈ おひつじ座
♉ おうし座
♊ ふたご座
♋ かに座
♌ しし座
♍ おとめ座

♎ てんびん座
♏ さそり座
♐ いて座
♑ やぎ座
♒ みずがめ座
♓ うお座

Horoscope
ホロスコープ

ホロスコープは、フローを切り取った図

やっと、「ホロスコープ」までやってきました。先ほどの節では、ゾディアックをめぐる天体がダンスでもするように、宇宙に星のフロー（流れ）を作り出していることがイメージできたでしょうか。星の配置は刻一刻と変わり、フローも止むことはありません。このフローを地球上のある地点、ある瞬間において、切り取った図がホロスコープです。それは「だるまさんがころんだ」と鬼が言って振り返ると、全員が動きを止める遊びのよう。宇宙のダイナミックなエネルギーが地上のかぎられた時間と空間にとらわれたわけです。

現代では、パソコンのソフトやインターネットのサイトに、作りたい日時の年、月、日、時間、場所のデータを入力すれば、一瞬で作れます（次ページ参照）。ホロスコープは、あなたが生まれたとき、会社を作ったときなど、あなたが重要だと思うタイミングで作ることができます。あなたが生まれたときのホロスコープには、あなたの運命が、会社のホロスコープには、会社の運命が現れるわけです。

COLUMN

実際にホロスコープを出力してみよう

ホロスコープ出力ソフトもいろいろ出ていますが、海外ソフトは高価な上、コンピュータのOSが変わると使えなくなることもあり、ここ数年、普段はロンドンのホロスコープ・サイト（www.astro.com）を愛用しています。どのコンピュータからもアクセスできるので、使い勝手がいいのがメリットです。チャートのデザインがカラフルなのもお気に入りの理由ですが、ホロスコープの出力サイトはほかにもあるので、探してみてくださいね。

①“ASTRO.COM AT A GLANCE”の
“All our free Horoscopes”を
クリック

②“Horoscope Chart Drawings”の
“Chart drawing, Ascendant”を
クリック

③“Click here to go to the entry page”を
クリック

④“Birth Data Entry”で、
あなたが生まれたときの
データを入力
first name（名前）
last name（姓）
gender（性）
birthday（誕生日）
hour（生まれた時間）
country（生まれた国）
birth town（生まれた町）

⑤“Continue”をクリック
（生まれたときのホロスコープが
画面に出ます）

※ページ右上の「日本」ボタンを
クリックすると、日本語でも
表示できます。

◎ホロスコープを読み解く

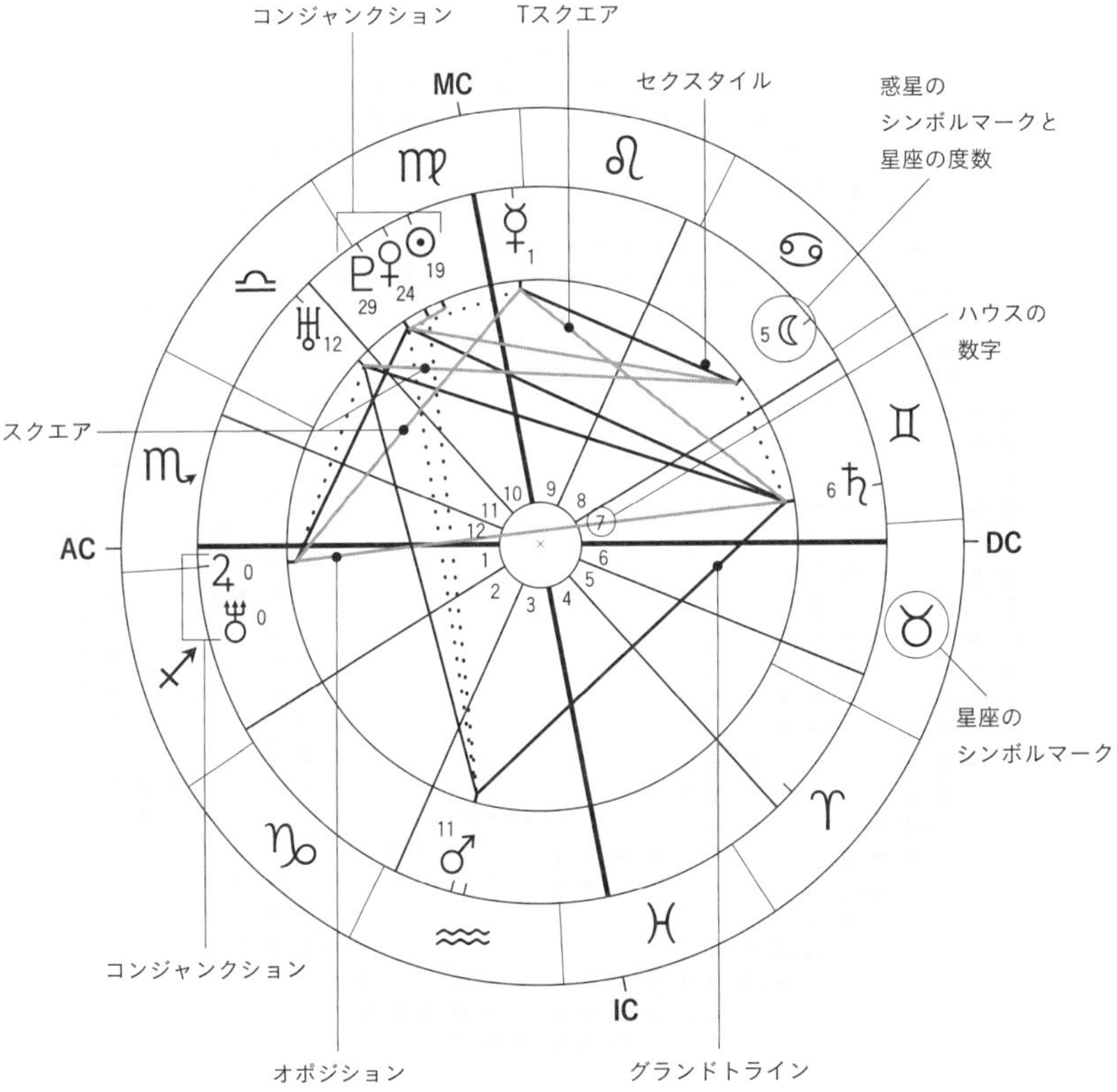

これは、私が生まれたときのホロスコープ。外側にゾディアックの星座（サイン）のシンボルマークが並んでいます。ひとつの星座は30度ありますが、惑星の数字は、星座の何度にあるかという度数を表します。☉（太陽）は、♍（おとめ座）の19度、10ハウスにあると読めます。中央に反時計まわりで記された1から12までの数字は、ハウスを表しています。コンジャンクションなどについては、51ページ参照。

あなたの誕生は、宇宙に祝福されている

ある日、ある時間、ある地点に、ある人が生を享《う》ける。そのときのゾディアックの天体の位置を記したものがその人のホロスコープになります。生まれたときのホロスコープは、世界を見るときの心のあり方であり、「オズの魔法使い」の〝エメラルドの眼鏡〟のようなもの。あなたの持っている心の眼鏡があなただけの世界観を作るのです。

地上には名前のない人も、臓器のない人もいるかもしれませんが、本人が知らなくても、自分のホロスコープを持っていない人はいません。あなたが生きているということは、宇宙があなたの誕生を祝福したから。どんなに社会のなかで自分が要らないように思えても、あなたが生かされているということは、宇宙には必要だからなのです。ワンネスとは、どんな小さなひとつにも意味があるということ。これが腑に落ちると、「自分らしく生きていいんだ」「こんな自分にも存在価値があるんだ」と落ち込んでいる人もみんな元気になって、自己受容できるようになります。持っている星は全員同じですが、その星がどの星座にあるか、どんな角度を取るか、その組み合わせはひとりひとり違います。どの人にも同じだけ価値はあるけれど、個性はあって当然で、その表現としての人生も、当然違っていいことがわかります。世の中に提供するものも、受け取るものも違っていい。みんな同じで、みんな違う。その人らしさが詰まったホロスコープを私が大好きな理由です。

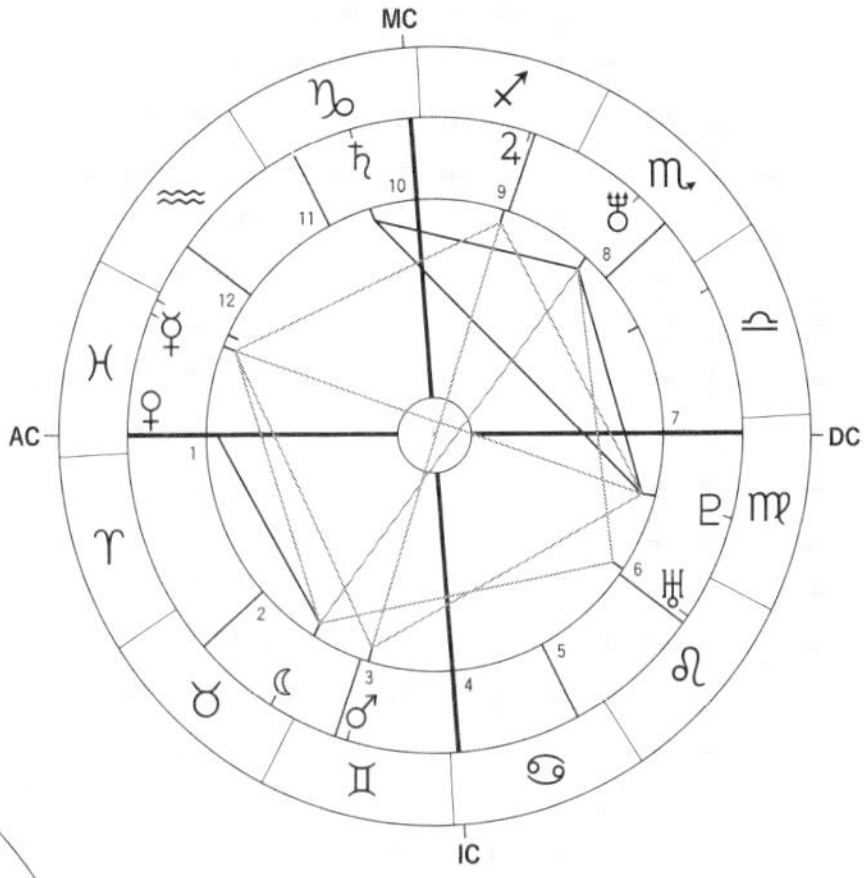

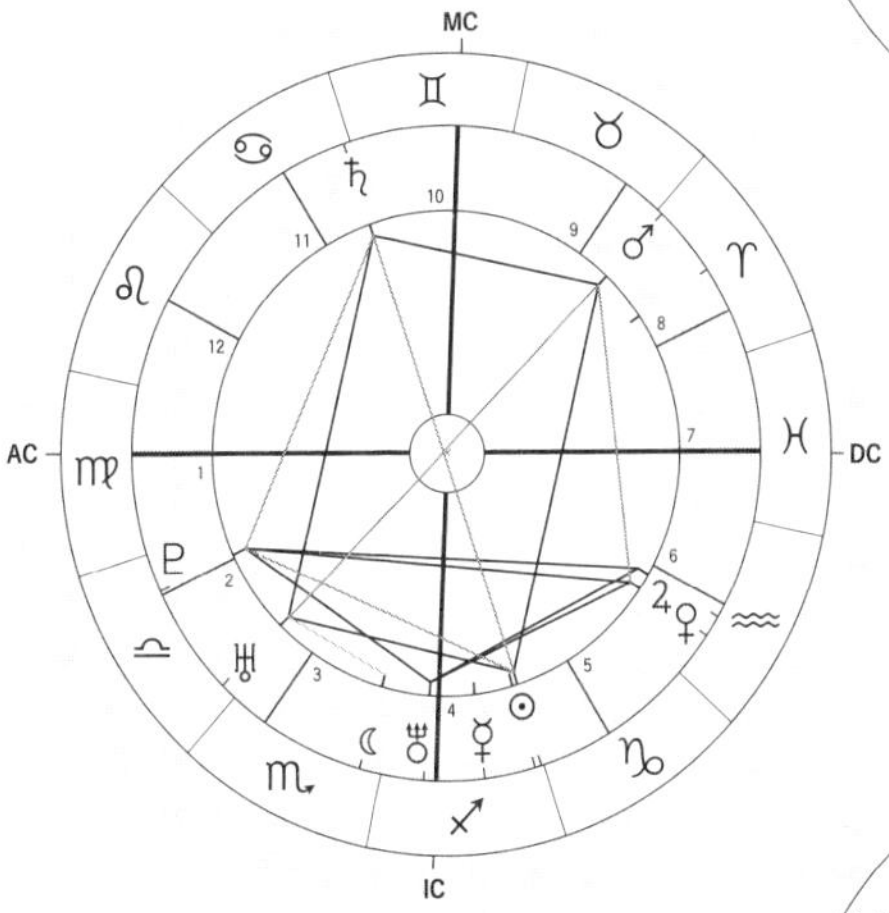

周囲の人のホロスコープを出してみましょう。ひとりひとり星の組み合わせが違うのがわかると思います。紙飛行機のような人も、山のような人も、十字架のような人もいるのです。自分だけのデザイン、命の設計をみんなが持っています。

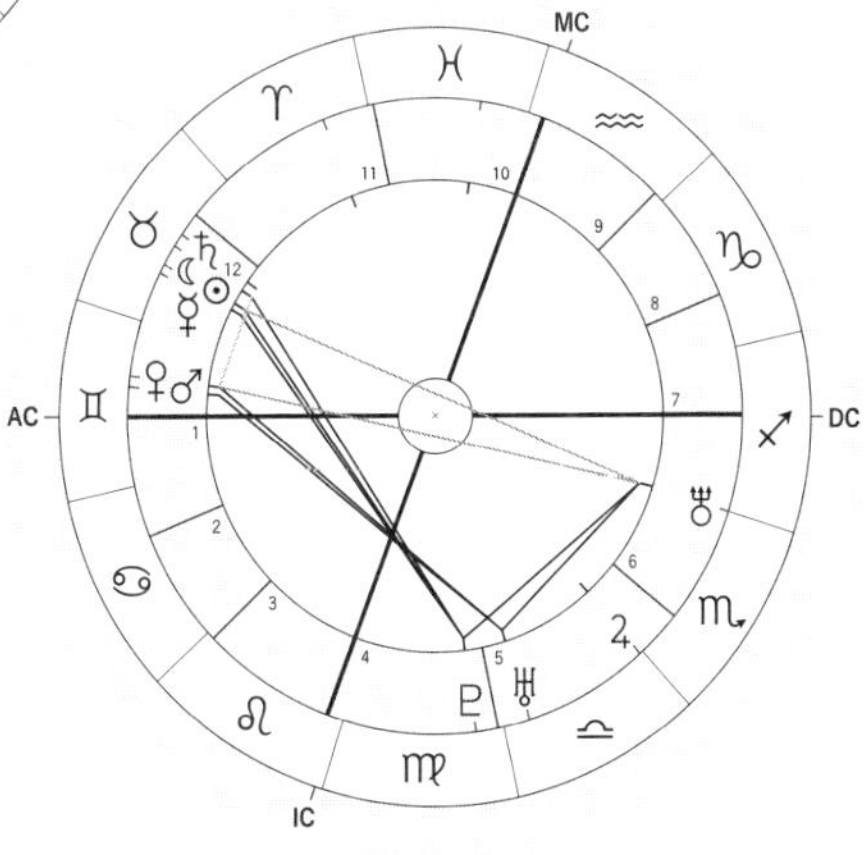

地球が中心でいい

ホロスコープは、ある瞬間に地球から見た太陽系の天体の配置図ですが、地球は太陽系の第三惑星であって、地球から見たのでは科学的ではないと思う人もいるかもしれません。占星術が天動説の時代に発達したというだけで、受け入れられないこともあるようです。でも、現代の占星術は天動説を取っているわけではありません。地球を中心に置いて、天体の動きをとらえるというだけです。フォーカスする先が太陽なのか、地球なのかという違いです。

『占星天文暦』を日々追っていると、ゾディアックをめぐる天体の精密な動きにグレート・ネイチャーの意図を感じることがあります。占星術の世界観ではあなたを太陽系第三惑星の日本という国の、ケシ粒のようにちっぽけな存在とはとらえません。生まれたときのホロスコープでは、いつも世界の中心にあなたがいます。

エゴのように聞こえるでしょうか。いいえ、私にはとても健全な自己愛に思えます。あなたの人生では、つねにあなたが主役なのを思い出してください。一日を振り返ると、目の前にいる人たちは、朝食の席の家族やコーヒーショップの店員、職場の上司や同僚、夜は友人たちというように移り変わっていきます。個々の人生では、ひとりひとりが太陽となって磁場を作り出し、ほかの人間が惑星として惹きつけられているのです。ほかの人たちも、その人の人生では主役であり、太陽です。でも、私たちのひとりひとりがお互いを尊重し、ホロスコープの共鳴が重なれば、それぞれが太陽でいながら共存できることでしょう。

地動説に変わり、母なる地球が太陽の惑星に過ぎないと知ったとき、人間は宇宙の壮大なパワーに魅せられるとともに、地球をあなどるようになってしまったのかもしれません。拠り所であるはずの大地への畏敬の念を忘れ、地球を単なる道具や資源として、乱暴に扱うようになってしまいました。ひとりひとりの人間のことも、歯車のように考えてはいないでしょうか。ひとつの関係が切れても、また次を作ればいいと刹那的に生きてはいないでしょうか。広大な宇宙のなかで自分には何の力もないと無力感を抱いてはいないでしょうか。

地球を中心とした世界観では、ひとりひとりが自分の王国の主人公です。太陽という誰かに憧れて、あなたでないものになるのではなく、あなたのなかにある太陽にフォーカスすることです。占星術の原点には、天にあるよきものを地にもたらしたいという祈りがあります。宇宙とともに地球にも畏敬の念を抱くこと。天と地を結ぶこと。古代から、人間は太陽や月、惑星たちを見上げ、その動きと心や魂の働きを結びつけてきました。占星術の世界を知ることは、人生の中心に再びあなたを据えること。あなたを主人公とする、あなただけの人生の「おはなし」をこの手に取り戻すことにもつながるでしょう。

生まれたときのホロスコープでわかること

あなたが生まれたときのホロスコープでわかることとは何でしょうか。

1つめは、あなたの性格や個性。星の意識、そしてゾディアックでどのサインにあるか、星たちの組み合わせとそこから生まれる形……渾然一体となって、あなただけのエネルギーを作り出しています。

2つめは、現在の星まわりの受信機としての役割。たとえば、あなたが生まれたときの月と同じ位置に今の土星がやってくると、月が土星のメッセージを受け取ります。こうしたときは大人になることを迫られ、周囲から孤立しやすく、孤独感を深めることもあるかもしれません。あるいは生まれたときの太陽と同じ位置に土星がやってくれば、土星は人生のコミットメントを求め、仕事や家庭での責任が重くなるでしょう。占星術でいう運勢とは、生まれたときのホロスコープと現在のホロスコープを重ねたところに生まれる共鳴なのです。

3つめは人生の時計としての役割。『占星天文暦』をもとに、たとえば、あなたが生まれたときの太陽に土星がやってくるのが何年後なのかを正確に知ることができます。土星の訪れによって何が起こるのか、目で見たようにはわかりませんが、「あなたがやるべきことにコミットする時期は、2年後の10月からです」ということはお話しできます。

COLUMN

天体のアスペクト（角度）

天体どうしのアスペクト（角度）がエネルギーを作り出します。
おもなものだけでも、次のようにあります。

［融合］
コンジャンクション（合）…0度

［緊張］ ハードアスペクト
オポジション…180度
スクエア…90度
Tスクエア…オポジションとスクエアの組み合わせ
グランドクロス…オポジションによるクロス（十字）

［調和］ ソフトアスペクト
トライン…120度
セクスタイル…60度
グランドトライン…トラインが重なった正三角形

個人のホロスコープにある天体は、可能性の種

あなたが生まれたときのホロスコープの天体には、宇宙のパワーが眠っています。生まれたときに、宇宙にある太陽や月からおすそ分けしてもらったのです。ここでは、個人のホロスコープにある天体の意味を見てみましょう。

☾ 月が象徴する性質

月は、太陽の光を受けて輝く天体なので、無意識でいるときの反応や性質、感情、記憶を表します。月は約2日半でひとつの星座を経験し、ひと月に一度はゾディアックを一周することを思い出してください。月は、1年に13回ゾディアックを経験します。ゾディアックの経験を早いうちに重ねられるので、小学生になる前にはだいたいその人の月ができあがると言われます。

☿ 水星が象徴する性質

思考や知性を司るとされる水星は、太陽の近くにいるので、1年より早くゾディアックを一周するのでしたね。そのため、義務教育が終わる頃には水星の性質がだいたい開発されています。考えたり、話したりするセンスは水星に現れます。

♀ 金星が象徴する性質

金星は、愛と美を司る星とされ、思春期から20代前半に花開くとされます。「愛されること」にアイデンティティを見出します。また、その人が愛するもの、好きなものも金星に現れます。サイクルは1年より短いので、年に一度は、自分の金星のある星座にリターンする金星と邂逅できます。自分の天体に金星がやってくると、金星のもたらす恵みである愛や人気を実感できるのです。男性のホロスコープでの金星は、生理的に好みの女性を表しますが、女性では男性に金星を求める人、火星を求める人といろいろ。

☉ 太陽が象徴する性質

太陽の軌道でゾディアックが決まっているので、太陽は暦とシンクロして進みます。太陽は、自ら燃え立つ特別な天体ですから、生まれたときのホロスコープでの太陽は、人生に対する創造性や自発的に動く意思、自ら働きかける力を象徴します。人生で、やり甲斐を感じる部分でもあります。太陽の軌道に天体が引き寄せられるように、太陽を生きている人はオーラが輝き、とても魅力的です。「こんなこともやりたい、あんなこともやりたい」と目を輝かせて話している人がいれば、誰でも応援したくなるもの。太陽を生きているといろいろな人が巻き込まれて、活動がどんどん大きくなっていきます。太陽を生きている人の軌道にほかの人たちが巻き込まれていくのです。

雑誌の星占いは、太陽の星座で見るものです。「雑誌によって星座の境界が1日くらいずれるので、どちらの星座を見ればいいのかわからない」という質問をよく受けますが、雑誌に出ている星座の期間は便宜的なもの。生まれ年によって変わることがあるので、ふたご座とかに座の境界、かに座としし座の境界の日に生まれたというような人は、ぜひホロスコープを出してみてください。

♂ 火星が象徴する性質

約2年でゾディアックを一周する火星には、その人の体質や行動のパターンが現れています。好きな人がいるとき、自分からアグレッシヴにアプローチするかどうかは、火星に現れます。また誰でも火星という体質に合わないことを押しつけられると不快に感じます。何に怒り、主張するかも火星に現れます。

♃ 木星が象徴する性質

約12年でゾディアックを一周し、ひとつの星座に約1年、滞在する木星は、同じ学年の人の多くが同じ木星星座を共有することになります。全員が同じか、せいぜい2つ。学年によって色があるということをよく学校の先生が言いますが、この「色」は、木星とそれより遠い天体のある星座によって、決まっているわけです。その人の発展しやすい性質、おおらかな部分が現れます。

♄ 土星が象徴する性質

土星は、約29年半でゾディアックを一周し、ひとつの星座に約2年半、滞在するので、木星と同様に、同じ学年では、土星星座は同じか、隣り合う星座に土星が分かれることになります。中学や高校は3年間なので、1年生から3年生まで、ほとんどが同じ土星星座を共有していることもあるわけです。そのなかで違う土星を持つ人は、浮き上がってしまうかもしれません。

生まれたときのホロスコープでの土星は、その人の努力や形を作る方向性を示します。完璧を期したい部分なので、若い頃は苦手意識があることも多いのです。心理学やスピリチュアルでいうところのシャドウでもあります。自分がやってはいけないとか、できないとか思っていることをほかの人がやっていると投影してしまい、イライラすることがあります。自分の土星のある星座に太陽や木星がある人に対してシャドウを投影し、コンプレックスを持つことも。逆に、リアルなその人を見ないで憧れたり、依存したりすることもよくあります。

♅ 天王星が象徴する性質

ひとつの星座に約7年、滞在する天王星は、その世代に共通のわかりやすい性質を作り出します。生まれたときのホロスコープでの天王星は、その人が革新的でありたいと思う部分を象徴します。今の30代は、天王星がてんびん座、さそり座、いて座のいずれかになります。私もてんびん座に天王星がある世代ですが、てんびん座が象徴する人間関係が変わりつつある時代に生まれ、成長してからも、人間関係を革新していくような気風を持ちます。天王星は、空間に縛られることを嫌い、ローカル・ルールでは人間関係をとらえないので、事実婚や離婚、シングルマザーなどてんびん座天王星世代にさまざまな人間関係のスタイルがあるのもそのためかもしれません。天王星が入った星座は、その星座の価値観を書き換える働きが生まれます。

♆ 海王星が象徴する性質

ひとつの星座に約13～14年、滞在する海王星も、その世代に共通の性質を作り出します。生まれたときのホロスコープでの海王星は、その世代が夢や理想、それと同時に不安を投影する部分を表します。２０１２年現在で、30代はすべてがいて座に海王星がある世代。私もこの世代になりますが、いて座の象徴する海外や旅などに海王星の影響が持ち込まれた時代の先端に生まれ、成長してからも海外に行きたいと強く望むところがありました。

それは周囲を見ても同様で、いて座の象徴する高等教育や旅にも強い憧れがある世代です。

冥王星が象徴する性質

ひとつの星座に約14～16年（だ円軌道を描くので、もっと長いこともあります）、滞在する冥王星も、その世代に共通の性質を作り出します。生まれたときのホロスコープでの冥王星は、潜在意識を象徴しています。２０１２年現在の30代は、冥王星がてんびん座にある世代。私の生まれた１９７１年は冥王星がおとめ座からてんびん座へ移動した年。私自身はおとめ座の最終度数、29度に冥王星があり、おとめ座の象徴する仕事や個人のあり方に冥王星の影響が持ち込まれ、これらが大きく変容した後で生まれました。おとめ座冥王星世代には成長してからも、仕事は何よりも優先されるべきということの時代の観念が潜在している人は多いもの。失業に恐怖や不安を持つ人も多いでしょう。個人の感覚やプライバシーを大切にします。

一方、てんびん座に冥王星がある世代は、和を重んじ、つながりを大切にしますが、周囲に同調しなければという無意識の強迫観念があるように思います。人と一緒でなければいけない、誰かを頼りたいという願望が強い世代です。素の自分を見せるのが怖いという気持ちもあり、そのため人に踏み込むことも嫌い、スマートでありたいと望みます。不安を人に投影する傾向もあるようです。

COLUMN

天体のバランス

★上半分に天体が多い
社交的、外交的に。社会と広く関わる傾向。ストレスは多いが、刺激的な生活になりやすい。

★下半分に天体が多い
家庭的、内向的に。個人的な世界で満足する傾向。かぎられた人とつきあい、ストレスは少ないが、天体のあるゾディアックの星座によっては、退屈や閉塞感を覚えることもある。

★左半分に天体が多い
「自分好き」な印象に。自分の能力を開発するのを望む魂。自己表現など、アーティスト志向もあり、保守的な人生にそれほど興味がない。

★右半分に天体が多い
「人」に関心があり、人間関係を通して、レッスンを学ぶ魂。4、5、6ハウスに天体が多いと、結婚をして子どもを産み、会社に勤めるなどの日常生活を送るという、保守的な人生になりやすい。また、たいていの場合、それに心地よさを感じる傾向。

Planets and Elements
天体とエレメント、星座

生まれたときのホロスコープでは、天体は、天体の入った星座（サイン）の性質を帯びます。天体がおひつじ座にあれば、おひつじ座らしくなるのです。火なら火、水なら水と同じエレメントの星座どうしは親和性があります。同じエレメントどうしは似通ったところもあるので、ここではエレメントごとに各星座に惑星が入ったときの現れ方を少し書いてみます。個人への影響が大きいハイペースなプラネット（月〜火星）のみを扱います。

よく聞かれるのが星座どうしの相性ですが、太陽と太陽はよくても、月と月がよくない、太陽と月がよくないなどはよくあることです。相性の本当のところは、ふたりのホロスコープを突き合わせないと見えてきません。簡単なのは重なりを見ること。たとえば、Aさんの太陽とBさんの月が重なっている（同じ星座の同じ度数にある）と、ふたりの間には縁が生まれやすいと言えるでしょう。

火のエレメントの星座（おひつじ座、しし座、いて座）に天体が多いと

オリジナルでありたいという思いが強まります。生命の火の活力にあふれ、直観に優れますが、個性や自己主張が強すぎることもあります。

Fire

♈ おひつじ座

おひつじ座に太陽があると、「私らしく」生きられるかどうかに意識が向かいます。自分のために動きますが、他者への期待がない分、依存心がないのがよいところ。月があると無邪気ですが、自分の生理で動いてしまうので、子どもっぽいとかわがままな印象になることも。水星があると、まっすぐで単純な思考。直観的な思いつき。金星があると、ラフでどこかプリミティヴな魅力が加わります。火星があるとアウトドアで活発に動きまわり、アグレッシヴです。

♌ しし座

太陽はしし座の守護星でもあるので、しし座に太陽があると、私の「表現」に意識が向

かいます。華やかなステージにも臆さず、ドラマを愛します。月があると明るく、人の輪の中心になることを望みます。水星があると、思考がひとりで完結する傾向。技巧的な言葉を巧みに使います。金星があると、太陽の光のようなゴージャスなファッションを好み、ハイブランドやドレスも着こなします。歌やダンスへの適性も。火星があると、おおらかで物怖じしないでしょう。

♐ いて座

いて座に太陽があると、「成長」に意識が向かいます。自分自身の成長とともに、人を導き、啓発することも好みます。「海外生活」や「高等教育」もいて座天体のキーワード。月があると勉強好き。水星があると、上昇志向が強く、自己啓発、旅の本を好むでしょう。金星があると、旅などで精神的な自由を感じたとき、知的に向上したときに楽しさを感じるでしょう。火星があると、興味に向かって、矢のように飛んでいき、目標のためには限界までがんばります。

土のエレメントの星座（おうし座、おとめ座、やぎ座）に天体が多いと

Earth

感覚に優れ、現実的な世界を形作る能力がありますが、物質主義に走りすぎる傾向もあります。

土のエレメントが少ないと、グランディングして、人生を切り開く能力が弱くなります。

♉ おうし座

おうし座に太陽があると、物質やお金、「豊かさ」に意識が向かいます。所有することに意義を見出すので、月があると食いしん坊で「快適さ」や安定を好みます。水星があると独占欲が強まるでしょう。愛と美を象徴する金星は守護星なのでプラスに働き、ナチュラルな魅力がいっぱいに。おうし座に金星があるというだけで、モテる人だとわかります。火星があると、行動はゆっくりしたものに。でも、揺るがないので、いざというときに馬力を発揮できる人です。

♍ おとめ座

おとめ座に太陽があると、世界に糸を張りめぐらし、「構築」に意識が向かいます。月があると、時間などに几帳面な性質が強まり、守護星の水星があると、世の中の事象を分析し、心の引き出しにしまいたがります。エネルギーの流れを感覚でつかまえられるので、段取りが得意。金星があると、年齢を重ねても清楚な魅力がなくなりませんが、恋愛には慎重。火星があると、段取りや改善能力が高まるので、職場では頼りにされる存在になります。

♑ やぎ座

やぎ座に太陽があると、ひとつの道を積み上げ、山を登ることに意識が向かいます。保守的で、社会の「王道」の生き方にコミットします。月があると、約束にうるさい律儀な性質に。水星があると、言葉や音の正しさに敏感になりますが、細かなニュアンスを取るのが苦手に。金星があると、約束や契約にこだわることから、保守的な結婚に落ち着きを見出します。火星があると、野心的に成功を追い求め、達成のためにひたすら努力するでしょう。

風のエレメントの星座（ふたご座、てんびん座、みずがめ座）に天体が多いと

Air

会話やネゴシエーションは得意で、思考は活発ですが、クールになりすぎるとか、思いやりが足りないとか思われることも。

風のエレメントが少ないと、客観性やリサーチ能力に欠けます。

♊ ふたご座

ふたご座に太陽があると、「自由」であること、「広めること」に意識が向かいます。好奇心旺盛で、新しいものが大好きです。月があると束縛を嫌い、わかりやすく説明されるのが好き。守護星の水星があると、軽快なやりとりやディレクションが得意。金星があると、恋愛に関して目移りしてしまい、落ち着かないかも。火星があると、ちょっと浮気な傾向が。縛られることが怒りにもつながるので、小悪魔的な要素が出てきます。

♎ てんびん座

てんびん座に太陽があると、思考の働きが活発になり、右脳と左脳の間で揺れています。バランス感覚に優れますが、「正しい判断」をしようとするあまり、判断が遅れる傾向。

それが優柔不断と言われる所以です。月があると承認欲求が強く、人の要請で動くことで安心します。水星があると、優柔不断な傾向がさらに強まります。守護星の金星では美人でもクールな印象。どう見せるかに意識が向かい、着こなし上手に。火星があると、行動力に欠ける嫌いが。

みずがめ座

みずがめ座に太陽があると、理性的な傾向が強まり、「合理的」にすべてを解決したいと望みます。身体性に違和感を覚えるところがあり、ユニセックスでありたいと考えます。月があると、母親との関係が冷え切っていることがあり、水星があるとクールな発言が目立ち、インターネットへの適性もあるでしょう。金星があると、恋愛において束縛されたくないという傾向が強まり、火星があると、束縛が怒りにもつながるくらいの自由人です。全体に、生々しいものとは距離を置きたがります。

水のエレメントの星座（かに座、さそり座、うお座）に天体が多いと

情け深く、感情で動きますが、愛の反転として、裏切りにあうと激しい憎しみを持つことも。

水のエレメントが少ないと、あっさりと冷たいところが出てきます。

Water

♋ かに座

かに座に太陽があると、身内に対する情を大切にし、「家族」や郷里、国に対する「愛着心」が高まります。月があると、人懐っこいものの、内弁慶なところがありますし、水星があると身びいきな考え方となり、やや価値観に偏りが出てくるかもしれません。金星があると、親しみやすい魅力につながりますが、思い通りになる相手を選ぶ傾向が出てくるでしょう。火星があると、情で動き、家族や郷里、地域のために懸命に働きます。会社に対しての忠誠心も厚く、熱心に働き、貢献することになるでしょう。

♏ さそり座

さそり座に太陽があると、情け深いのですが、「究極」のものを好み、対象に対して「献

身」し、一体となることを望みます。それが叶わないくらいならと孤独を好むところがあります。月があると、ひとりでいるほうが落ち着くタイプとなり、水星があると、研究熱心な傾向が出てきます。金星や火星があると、セクシャルな魅力が高まり、ひとりの人をずっと思い続けるような執着心が特徴です。特に火星は、ともすれば無理なターゲットでも追いかけ、ストーカーともなりやすいので気をつけて。

♓うお座

うお座に太陽があると、「境界なく」誰にでも優しい海のような意識が出てきます。無意識との境界も曖昧なので、自分でも自覚していないような優しさやふんわりした、色っぽい雰囲気があります。月があると寂しがりやで依存的なところがあり、水星があると、同情心に厚いものの、感受性が強すぎ、優しすぎるイメージです。金星があるとロマンティストで白馬の王子さまを待ってしまうかもしれません。火星があると普段は優しいのですが、時に感情が爆発し、怒りっぽくなることがあります。

Planets and Houses
天体とハウス

ホロスコープには天体の住む部屋がある

ホロスコープにも部屋があります。ホロスコープの中心に、反時計まわりに記された1～12の数字がこの部屋、ハウスを表しています。あなたの心や世界観を表している生まれたときのホロスコープに、12の部屋、心の領域がある。どの部屋にどの天体があるか、天体はどの星座にあるかを重ね合わせて、あなたの心のあり方やどんな性質になるかを総合的に見るのです。ここでハウスと天体の関係を簡単に記しますが、実際のリーディングは、天体どうしの角度や星座と組み合わせるので、もっと複雑です。なお、私がセッションでお会いした方たちの傾向から読み取ったものなので、一般的な占星術のテキストとは違うところもあると思います。

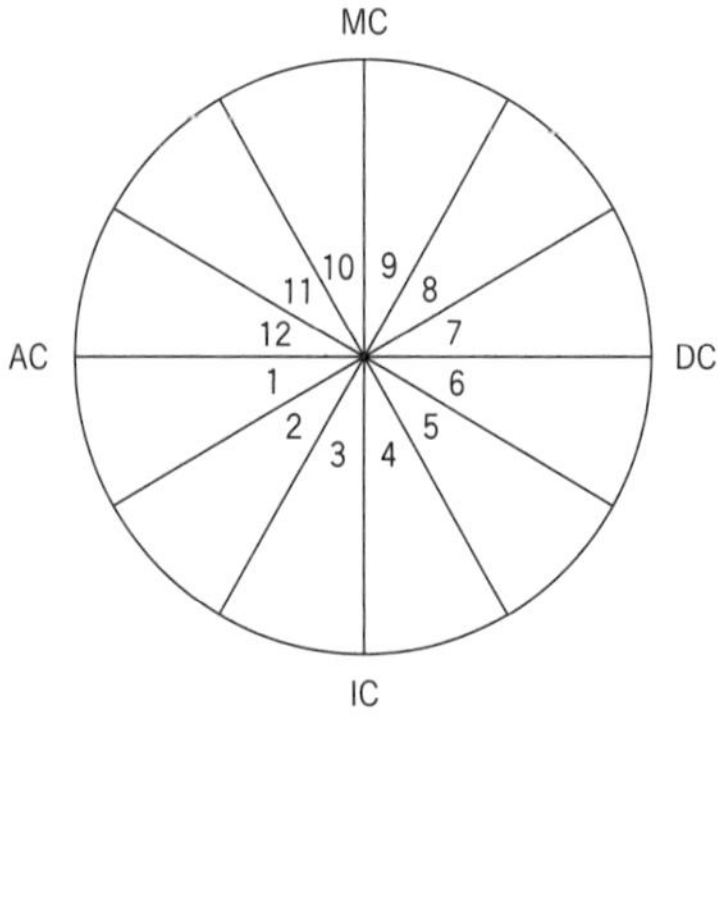

1ハウス

一般におひつじ座に対応すると言われ、「自分をどう認識するか」を表します。1ハウスに天体があると、自分を主張したいという欲求が強くなります。1ハウスに太陽がある女性は、組織の一員であることに満足できずに独立志向を持ちます。仕事が自己表現の手段になりやすく、メイクも個性的な方が目立ちます。金星があると「美」に関心が向かい、容姿が優れている人も多くいます。月があると月に同化してしまい、子どもっぽいところが。水星があると若々しい印象で概して話し好きです。火星があるとちょっと短気です。キャビンアテンダントやモデルでは、1ハウス金星や太陽の例はよくあります。土星があると、若いうちは抑圧的になりやすく、年齢を重ねて土星意識が身につくにつれ落ち着きます。天王星があると自立心がさらに高まり、束縛されることを嫌います。女性では突っ張った印象にとられるかもしれません。冥王星があると押し出しが強く、カリスマ的な存在になることも。全体に、「自分」を打ち出すことができれば、1ハウスの天体は満足するようです。

2ハウス

一般におうし座に対応すると言われ、「所有」すること、お金を稼ぐことに対するセンスを表します。2ハウスに太陽、水星、火星などがあると、お金を稼ぐこと自体が働くことの目的になりやすく、経済的な自立志向が高まります。「お金が稼げるか」どうかでワーキング・スタイルを選択するかもしれません。月があると、お金に対して受け身に。自立しようという意思はあまり感じられません。金星があると、ラグジュアリーなものや美容にお金を遣うことを好みますし、木星があると比較的、余裕のある両親のもと不自由なく過ごした人が目立ちます。土星があると、自分の持ちものが少ないという不足の感覚。天賦の才能がないという心理にもなるようです。天王星があると、フリーランス的な働き方を志向し、雇用を嫌うところが出てきます。海王星があると散財や衝動買いも。冥王星があるとお金への執着が増し、収入のアップダウンが激しいことがあります。全体に欲しいものが満たされて安全を感じていられると、2ハウスは落ち着きます。

3 ハウス

一般にふたご座に対応すると言われ、その人のコミュニケーションやプレゼンテーションの方法、ローカルな環境を表します。小学生までの世界は、兄弟姉妹、親せき、近所の幼なじみくらいで構成されているものですが、そうした「環境」の状態は3ハウスによく現れます。また、日本人の得意な本音と建前の使い分けで言えば、「建前」や「おつきあい」

の部分も出てきます。ここに太陽、水星、火星などがあると、広報や秘書のセンスがあり、職業にしている人も目立ちます。表面をさらい、情報処理能力に優れるわかりやすい知性のあり方なので、木星があれば、小学校や語学学校の教師、地域密着型のラジオ、新聞、情報誌などのメディアもおすすめ。また、初等教育で周囲のサポートに恵まれたこともわかります。月があるとコミュニケーションが子どもっぽくなることも。土星以遠の天体があると、ローカルな環境を嫌う傾向が生まれやすくなるでしょう。全体にものをハッキリ言えない環境は苦手で、発言権があるかどうかが3ハウスの充実の鍵のようです。

4 ハウス

一般にかに座に対応すると言われ、生まれた家族の状態や心のあり方などの基盤を表します。長じて、その人が作る保守的な結婚の形にも通じます。太陽があると、「居場所」がその人にとって、大きなテーマになります。月があると甘えん坊で、水星、金星があると、家族を大切にする傾向。土星以遠の天体があると、家族によるプレッシャーを感じていることがよくあります。たとえば、土星があると、幼少時に厳しい年長者が家庭にいたことが多く、抑圧的に育ったことが多いのです。海王星はルーツのハッキリしない不安定な家庭環境。天王星があると、両親が共働きだったなど本人が寂しさを感じるような環境だったこと、転勤族などで引っ越しが多かったことがあります。冥王星があると、親兄弟に精神疾患を患った人がいたり、破産があったりと機能不全家庭に育ったことがとても多く、ご本人もアダルトチャイルド的なところがあります。外惑星は全体に根の揺らぎにつながりますが、木星があると、裕福な祖父母の応援が目立ちます。全体に安心できる場所が手に入ると、4ハウスに天体がある人は、人生のバランスが取れるようになります。

5 ハウス

一般にしし座に対応すると言われ、その人の遊びやアート、恋愛に対するセンスを表します。5ハウスに太陽があると、「生命の喜び」を感じることが生きがいとなるので、アートやデザイン、演劇、音楽で「自己表現」をしたいと思っていることが多く、ルーティンワークにはやる気が起きないこともあります。水星、金星、火星、木星などでもこうした性質は強まりますが、生命力や創造力の強さから、恋愛や子どもも象徴します。金星、火星があると、若いうちは恋愛に夢中になりやすく、木星があると恋愛の回数が増えるとともに多産傾向もあるようです。逆に土星があると、恋愛には慎重で奥手になりやすく、きれいな人でも恋愛にまったく縁がないこともあります。子どもを持つことにも極端にこだわるか、慎重になるかもしれません。天王星は移り気な傾向、海王星は恋愛への依存傾向が生まれ、冥王星があると、シリアスでドラマティックな恋愛をしやすいでしょう。全体にクリエイティヴな趣味や仕事に携わることで、人生のバランスが取れてきます。

6 ハウス

一般におとめ座に対応すると言われ、その人の仕事や雇用に対するセンス、日常生活のパターン、健康のあり方などを表します。ここに太陽や木星があると組織になじみやすく、大企業の社員や公務員として働くことに適性があります。水星や火星があると、与えられた仕事を自分なりに「改善」するセンスにつながるでしょう。水星はデスクワークに向き、火星は段取り能力に優れます。ただ、ほかの天体との角度によっては、火星は権威に反抗するなど、仕事上のトラブルの種にもなりかねません。土星があると若いうちは段取りが苦手だとか、組織への抵抗感やコンプレックスにつながることも。天王星があると、専門職志向が生まれ、ITのプログラマーのように、会社組織のなかで自由にやる働き方が合いそうです。月があると子ども時代から、規則正しい日常生活を送っている、家事を手伝わなければいけなかったなど躾《しつけ》が厳しかった傾向が見られます。全体に規律やルールとの適性を表し、波のない生活のリズムに安心するところがあります。

7ハウス

一般にてんびん座に対応すると言われ、公私ともにパートナーシップのあり方や「他者に求めるもの」を表します。7ハウスに太陽や月がある人は、他人に対して素直すぎる傾向があり、依存してしまうことがあります。木星や海王星がある場合も極端におひとよしになりやすく、土星があると、人に対して見る眼が厳しくなりやすいと言えます。特に恋愛では、海王星があると相手に厳しい眼を持てないので、厄介かもしれません。天王星があると人と距離を置く傾向。離れることで安心しようとします。冥王星があると、家庭環境などから性格の強い人にコントロールされやすく、また本人もコントロールが強くなることがあるでしょう。水星、金星があると人好きがするタイプで、たいていは場を明るくする人気者になります。太陽や金星、木星が7ハウスなら、結婚運は概してよく、あまり結婚相手にこだわらないでしょう。逆に土星があると、理想が高すぎて晩婚になることも多いとされます。どの天体があっても、人間関係の充実によって7ハウスは落ち着きます。

8ハウス

一般にさそり座に対応すると言われ、よく「遺伝の部屋」と言われます。私がセッションでお会いした人たちに関して言えば潜在意識と関係し、先祖からくり返されたパターンがよく現れます。「墓守娘の部屋」とひそかに呼んでいるのですが、太陽があると兄や姉がいても、自分がお墓を見ることになりそうだという人が多いのです。土星があると、祖父母が教師であったとか、セックスの話題はご法度というほど厳格な環境だったなど、抑圧的な傾向を受け継いでいます。木星があると、先祖の加護があって、「守られている」感覚を持っています。月、水星、金星があると両親が過保護だったことが多く、子ども時代から思春期にかけて、箱入り娘だったことがほとんど。箱入り娘からパラサイトになる傾向も。海王星では、霊感があるという人が目立ちます。天王星では、潜在意識やルーツを断ち切りたいと思う傾向があって、家系に新しい風を持ち込みます。冥王星があると、家系からの見えない支配が存在します。全体に、人間関係でのコントロールや依存が問題になりやすく、家族の問題と向き合うことが大切です。

9 ハウス

一般にいて座に対応すると言われ、海外・旅・高等教育・出版へのセンスや適性を表すとされます。海外や留学への強い憧れはどの天体でも共通で、今の自分より「成長」したいという気持ちを持つことになりますが、9ハウスに天体が多すぎても、女性としては上昇志向や野心が強すぎ、「今、ここ」に幸せを感じられないことがあります。「ここではないどこか」を求めるあまり、グランディングできないタイプもいます。太陽や木星があると、海外や高等教育との縁がよい形で現れますが、土星があると、海外や高等教育へのコンプレックスとして現れることも。大学に行っていないことに劣等感を持つという具合です。でも、それが終生のこだわりとなり、通常とは違うコースから研究の道に入ることも考えられます。研究者は8〜9ハウスに、編集者は9〜10ハウスに天体を持つ人が目立つなど、「頭」を使う職業に適性があります。思索を深め、精神的には宇宙までも飛んでいきたいところがあり、全体に、精神的な自由があることが9ハウスの充実の鍵になります。

10 ハウス

一般にやぎ座に対応すると言われ、キャリアや社会との関わり方へのセンスを表します。太陽があると、社会的な視点、優れたビジネス感覚を持つので、女性でもキャリアを志向し、家庭に収まりきれないところが出てきます。月があるとセンスはありますが、そのぶん甘えも出やすいところが。水星や金星があると時代や社会を読む眼に優れ、大企業で全国展開の商品開発をしたり、女性誌などで流行を作り出したりするセンスにつながります。一方、土星があると完璧主義となりやすく、求めるキャリアを完成させるのに時間がかかります。木星があると組織での適性につながり、順当にポジションを得るでしょう。目上に引き立てられ、出世しやすいのです。海王星はキャリアへの夢や理想を表します。火星や天王星は独立志向につながるので、アグレッシヴで先進的な職場でないと適応がむずかしいかもしれません。全体に、仕事の充実が10ハウスの充実の鍵に。30代は結婚との間で揺れる人が多いのですが、仕事は一生する生まれだと割り切ると楽になるようです。

11 ハウス

一般にみずがめ座に対応すると言われ、友人との関わりを表すとされます。リーディングの実感としては、組織に縛られないネットワーク作りのセンス、役割を離れて、自由に動けるかどうかが現れています。ここに天体があると、組織の管理職で終わる人生には抵抗を感じるし、自営業で責任を引き受けるのも窮屈かもしれません。フリーランスのように、束縛や責任がないなかで自由にやるのが好ましいようです。太陽や水星は、友人に重きを置きますが、月、金星や木星では友人に恵まれるでしょう。火星があると束縛を嫌う傾向が強まり、土星があると、「仲間」への理想やこだわりが強く、人づきあいが広がりにくいのですが、そのぶん長く続く友人を大切にします。ただ友人たちの目が行動の足かせになることも。天王星があると、海外や先進的な友人がしだいに多くなるでしょう。全体に、ローカルな環境にとどまるのを嫌うので、人生や生活に広がりを持たせ、理想に向けて活動する場を作ると、11ハウスの天体は満足するようです。

12 ハウス

一般にうお座に対応すると言われ、魂や集合無意識に関係するとされます。よく「秘密の部屋」とも言われますが、ここに天体があると内向的になりやすいからでしょう。リーディングの印象としては、村上春樹さんの小説のような、無意識の井戸を掘った先の水脈のような部屋だと感じます。どの天体でも、スピリチュアルな領域にも興味を持ちやすく、意識を向けにくい部分に興味を持つことが多いのです。太陽があると、人々の集合意識に影響を与えたいという欲求が強まり、小説家になりたいとか、メディアに関わりたいと思っていることがよくあります。また、流通やデザインの感覚に優れている人も多いでしょう。表面には見えない、人の心の動きやお金のフローに敏感になるからでしょう。その意味で、インターネット通販や個人ブログを育てるセンスがある人も目立ちます。ほかの天体との関係によって、天体の意味がガラリと変わってきますし、その人の願望自体が意識されづらく埋もれていることがあるので、読み方も分かれるところです。

ホロスコープを支える屋台骨

天体がゾディアックのどの位置にあるかは、生まれた場所と生年月日がわかれば、月の星座以外は決まります（月の星座は約2日半で移動するので、月が移動する日に生まれた場合、同じ日でも時間によって変わることがあります）。ハウスは、時間によって決まります。生まれた時間がわからないと、ハウスは決定されません（プロのリーディングでは出生時刻調整と言って、生まれた時間を推測する方もいます）。時間がわからない場合は、天体と星座だけで読むことになり、ホロスコープから読み取れる情報量が落ちます。

68ページの図を思い出してください。1ハウスの始まりがAC、4ハウスの始まりがIC、7ハウスの始まりがDC、10ハウスの始まりがMCです。ケーキを切るときに、まず4つに切ってから、それぞれを3等分するようなイメージを持ってください。ハウスの計算方法は、伝統に従い、大きさにばらつきがありますが、1ハウス、4ハウス、7ハウス、10ハウスの始まりはアングルと言われ、ホロスコープという心の家を支える屋台骨のようなもの。とても重要な感受点で、それぞれに象徴する意味があります。

アングルの意味

ＡＣ　セルフイメージ
ＩＣ　精神的な居場所
ＤＣ　他者との関わり方
ＭＣ　社会との関わり方

1〜12のハウスの順番は、反時計まわりですが、一日の天体の動きは、東から西へ向かいます。夜明け前に生まれた人は、１ハウスに太陽がありますが、夜が明けてから生まれた人は、12ハウスに太陽があります。ＭＣは南中点でもあるので、お昼前に生まれた人は、10ハウスに太陽があります。ＤＣは西の地平線。日が沈んでからまもなく生まれた人は、太陽が６ハウスにあります。ホロスコープの上半分に太陽がある人は昼生まれ、下半分に太陽がある人は夜生まれというわけです。

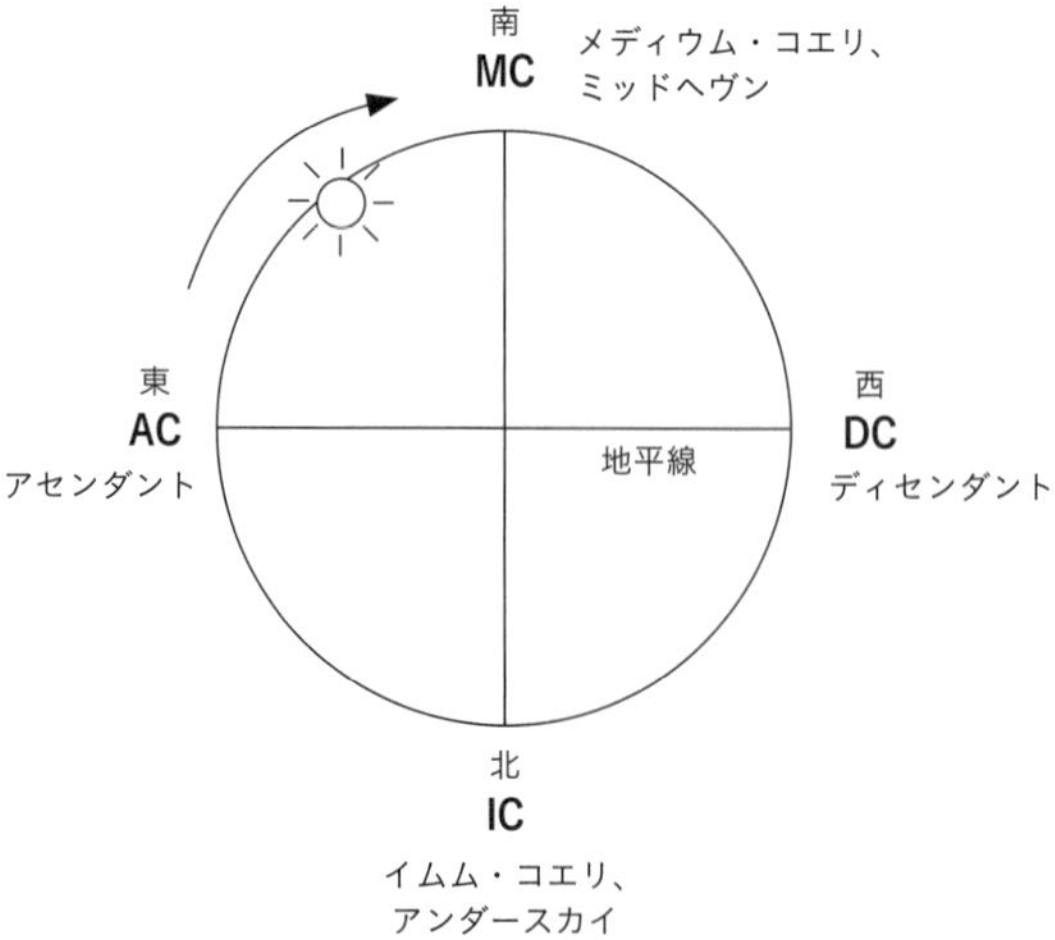

ハウスとアセンダント

……そして樺の木はその時吹いて来た南風にざわざわ葉を鳴らしながら狐の置いて行った詩集をとりあげて天の川やそらいちめんの星から来る微かなあかりにすかして頁を繰りました。そのハイネの詩集にはロウレライやさまざま美しい歌がいっぱいにあったのです。そして樺の木は一晩中よみ続けました。たゞその野原の三時すぎ東から金牛宮ののぼるころ少しとろとろしただけでした。

夜があけました。太陽がのぼりました。

草には露がきらめき花はみな力いっぱい咲きました。

宮沢賢治の「土神ときつね」の一節ですが、東からのぼる金牛宮とは、ゾディアックの12宮のうち、おうし座のこと。もしかしたら、おとめ座生まれの賢治も占星術が好きだったのかもしれないと考えると楽しいですね。夜が明けて東の地平線上に太陽がのぼるときに、うしろに黄道星座も背負ってきます。地球の歳差運動のため、占星術で使われる星座（サイン）と実際の星座（コンステレーション）はひとつずつずれていますが、詩的な宮沢賢治の表現を借りると、アセンダントの星座の感覚がつかみやすいはずです。

ハウスは、太陽の軌道が作り出す日時計のようなもの。人が生まれたとき、東の地平線上にゾディアックのどの星座（サイン）がのぼっていたかで、その人のアセンダントが決まるのです。古代の人たちは、前日にいったん死んだ太陽が再び東の方向からのぼる夜明けをことさら祝福していました。そのため、アセンダントにある星座もとても重視されます。私は、離島で地平線にのぼる朝日を見るのが好きなのですが、夜が明けてからしばらくは鳥たちがさえずり、やわらかな光がそこらじゅうに満ち、この世とあの世の境が曖昧に感じられます。この光はほかの時間帯にはないもの。その曖昧な光が漂う時間帯が12ハウスになるのです。アセンダントは、生と死の境界でもあるように思います。

太陽は当然ながら、東の方向からのぼり、南の方向で昼となり、西の方向に沈むので、いつでも12ハウスから1ハウスへとゾディアックの星座とセットになって進みます。80ページでも書いたように、もしあなたのホロスコープで太陽が10ハウスにあれば、お昼前に生まれたということ。7ハウスにあれば、日没前に生まれたということなのです。

アセンダントにある星座は容貌やセルフイメージを表すというのが一般的ですが、私はいつもこんな風にイメージしています。雛鳥が最初に見たものを親鳥だと思ってしまうように、人の心にも東の地平線にある星座が鏡のようにインプリントされるのではないか、と。魂は、自分が両親をはじめ大人たちに対し、そう見せたい顔を選んで生まれてくるのかもしれません。自分が他者からどう見えるかは、ここに現れています。

私がイメージする12のハウスは、赤子の魂を守る揺りかご。でも、揺りかごも成長とともにきつくなることもある。時とともにハウス、つまりその人の世界もしだいに鉢を大きくできると生きやすくなり、活躍の場も広がるように思っています。

ホロスコープをイメージする大切さ

占星術の勉強でよくある失敗は、知識に夢中になってしまうこと。そのおもしろさにハマると、テキストに書いてあることをダウンロードしても、知識の詰め込みすぎで頭がゴチャゴチャになったりします。ホロスコープは人の心を扱うもの。読んでいる対象はコンピュータではないので、たったひとつの絶対的な言葉があるわけではないのです。レッスン1の星座やハウスにある天体の意味は、基本を頭のなかに入れるだけにとどめて、あなたのなかに言葉を探してください。答えはいつもあなたのなかにあります。

はじめは自分のホロスコープを見つめて本を読んで、自分のなかに降りていって、言葉をイメージして……というくり返し。おすすめしたいのは、ホロスコープを枕もとなど毎日、目にする場所に貼ること。お守り代わりに手帳にはさんでもいいでしょう。ホロスコープと対話し、「自分のなかの天体」とそれを表現する正確な言葉を探すことで、あなたの本質とつながることができます。「あの人のことが知りたい」という思いも、その人が体現しているものに憧れるから。家族に対して「いやだな」と思ったりするのも自分のなかに思いぐせがあります。それも自分のホロスコープに現れているので、まずは自分の星たちと仲よくしてください。それはあなたの心と仲よくなることにつながります。

天体の意味することが腹に落ちると、ほかの人のこともしだいに読めるようになります。大切なのは星の象徴するイメージの世界に遊ぶこと。知識を詰め込んでも、外国語の旅行会話をそらんじているように誰かと同じ言葉しか話せない。星の本を読むだけ、ホロスコープを読むだけではなく、映画を見ること、小説を読むこと、友達と話すこと、恋をすること。もちろん、仕事をすることもとても大事。そうやってあなたの世界を広げ、想像力や感性を育てることが星の言葉の豊かな読解につながるのです。

「自分自身とつながり、ホロスコープを感じる」ためには、1冊、ノートを用意して質問の答えを探してみてください。これを毎晩くり返したら、1年経つ頃にはあなたは星のフローに乗れる人になっています。

またワークショップでは、雑誌の切り抜きを使い、その人のホロスコープをビジュアルで表現するビジョンマップを作ることもあります。そうしたときの私は知識を教える人ではなく、きっと星の世界のナビゲーター。知識はいくらでも本に書いてあるから、私という触媒を通してみながら星の世界に親しみ、星を感じられたらいいなと思っています。

星を知るのは、自分を知ること

急ぎ足ではありましたが、占星術の世界観を少しでもお伝えできたでしょうか。

こうして星の世界について読んでいると、「自分のことを知りたい、ホロスコープを読みたい」という気持ちが心のなかに泉のように湧き出してきませんか。よく私の星の言葉は、「心のなかにすーっと水が浸みわたるよう」と言われるのですが、それも星によって、みなさんの心の泉が掘り当てられるからなのかもしれません。

ホロスコープを手がかりに内的世界を探検し、自分と仲よくなることに意味があると思います。自分が何者かを探るのは、とてもワクワクする作業です。すると、外に対しても、自分を語る言葉がしだいに増えていきます。

また、星とは人間の心のなかにある共通の意識。相手のなかにも同じ星があるので、ほかの人ともつながれるようになります。たとえば、職場の休み時間に、商談の合間に、相手の誕生日を聞いてみましょう。よほど堅い職場でないかぎり、会話が盛り上がるはずですし、「あなたのことを知りたい」というメッセージにもなります。生まれた時間も必要となると、その相手はその夜、田舎のお母さんに久しぶりに電話するかもしれません。そして、思いがけない誕生のエピソードを聞いたりして、お母さんに感謝したりするのです。その親子は、その晩、ほっこりした気持ちで眠れるでしょう。これだけでも、少し毎日が豊かになると思いませんか。

レッスン2では、あなたの星を心のなかで育てることをさらに詳しく書いてみたいと思います。

ホロスコープ・レッスンのまとめ

★AC、IC、DC、MCは、どの星座にありますか。
あなたのなかのどんな部分とつながると思いますか。
★あなたの天体はどのハウス、どの星座にありますか。
あなたのなかのどんな部分とつながると思いますか。
★28〜33ページの各星座のエネルギーとその天体が反応すると、どんな性質になるでしょうか。自分の性質を自分の言葉で書き出してみましょう。

(例)たとえば、太陽がIハウス、しし座にあると、とても自己表現欲求の強い人が思い浮かびます。ダンスや演劇に生きがいを見出しているかもしれません。あなたのホロスコープにある天体のハウスと星座を組み合わせて、あなたの性質を表現してみてください。

COLUMN

自分のホロスコープを読んでみる

ここでは、45ページの私のホロスコープを読んでみます。星を知るとは自分を知ること。自分のホロスコープを読むときは、こんなふうに自分のなかの性質と結びつけて、自分の言葉を探してください。ホロスコープは眼鏡ですから、ホロスコープだけを読むのではなく、ホロスコープを通して、自分や人、世界を見る感覚をつかむことが大切です。

太陽・金星・冥王星がおとめ座でコンジャンクション（合）し、キャリアやライフワークへの志向を表す10ハウスにあります。金星、冥王星もあるので、好きなことを仕事にしたいという強い執着が現れています。水星は9室にあり、やはりおとめ座です。水星はおとめ座の守護星でもあり、おとめ座のMC近くにあるので、分析や文筆に適性があります。編集・デザイン・記録・執筆にやり甲斐を感じるのは、このおとめ座にある天体たちが象徴しています。

アセンダントはさそり座にありますが、木星・海王星はいて座にあり、1ハウスでコンジャンクション（合）。木星は拡大し、海王星は境界を曖昧にするので、おとめ座で緻密な仕上がりをめざしているのに注意散漫なところがあって、宇宙にまで意識が飛んでいってしまうところが現れています。反対側にふたご座の土星がなければ、かなり浮世離れしたイメージです。木星はいて座の守護星なので、木星の拡大した意識が多くのチャンスや情報を受け取り、海王星の働きも健全にしてくれています。

火星はみずがめ座で3ハウス、土星はふたご座で7ハウス、天王星はてんびん座で11ハウス。風のエレメントでのグランドトラインです。おとめ座の水星も分析が得意ですが、風のグランドトラインも理性的な思考を象徴しています。好きなものはガーリーでも、アプローチが男性的なのは、このグランドトラインでしょう。木星・海王星のいて座が夢見がち、拡散傾向なのに対して、ふたご座の土星がオポジション。リアリスティックな配置で、星やスピリチュアルなどを取材していても、地に足がついていると言われるのはそのためかもしれません。

1ハウス、7ハウス、10ハウスとアングルの近くに星があると、行動が人目につきやすくなるようですが、月はかに座にあり、8室なので、目立つことにストレスを感じます。月は子ども時代を象徴するので、家のなかにいて、おままごとをしたり、本を読んだりが好きだった様子がそのまま現れているようです。7ハウスの土星もパートナーへのこだわりが強く、完成された人を求めるので晩婚になりやすいとされますが、その通りですね。また、私が「その人らしさ」にこだわるのも、この土星に出ているように思います。

アングルは、ACがさそり座、DCがおうし座と不動星座にあるので、本当に親しい人間関係やパートナーシップは固定しがち。ICがうお座、MCがおとめ座です。ホロスコープの上側に星が多いので、社会との関わりが増えやすく、リラックスを感じにくいところがあります。天体がないハウスは、その人にとってあって当たり前でテーマになりづらく関心を持ちにくいと言われますが、私の場合は、ICのうお座が象徴する「海」の近くに住むようになって、とても安らぐようになりました。4ハウスには天体はありませんが、ホロスコープでバランスが悪いハウスを補うのも、心の満足には必要なのかもしれません。

12星座のワーキング・ガール

太陽星座に現れるワーキング・ガール事情

レッスン2に入る前に、ここで閑話休題。みんなが大好きな、おなじみの太陽星座による12星座占いのお話を少ししてみましょう。

2010年の1年間、東京で毎月、「星座の会」を催していました。（太陽星座が）おひつじ座の月には、「おひつじ座の会」、おうし座の月には「おうし座の会」、ふたご座の月には「ふたご座の会」という具合。「星について教えてほしい」という声が高まったこともありましたが、私自身がテキストに書いてある言葉をダウンロードするのでなく、その星座のリアルなところをもっと研究してみたかったのもありました。

食いしん坊のおうし座の会ではケータリングを頼み、小学生の子どものような元型のあるふたご座の会では廃校を利用した「ものづくり学校」で開催しました。かに座の会ではフランス風のビストロをお借りし、しし座の会ではシャンパンを出したこともあります。インテリア雑誌の撮影で、スタイリストさんと組んでページを作るような感覚で、レンタル・スペースを探したり、出すものを考えたり。また、パーソナルなものにしようと、ひとりひとりにホロスコープをお渡ししました。誕生日も伺わないといけないし、人数分、ホロスコープを出力するのもひと苦労でしたが、さまざまな読者の方たちと触れ合うことができて、とても楽しい時間でした。

集まったのは、東京を中心としたワーキング・ガールやウーマンたち。年齢は20代から時には50代まで。普段は凛々しく働いている彼女たちが仮面や役割を外して、リラックスすると素が出てきます。そして、同じ星座の人が目の前に並んでいると、たいていの人は、まとっている雰囲気や発言、反応するポイント、ファッションなどに共通点があることに気がつきます。好きな本を持ってきてもらうと、似たようなジャンルや同じ作家さんを挙げることも。そうやって、「あ、占星術って本当のことかもしれない。私たちって宇宙と一体になって生きているんだ」と信じられるようになると、ハートが開き、星についてもっと知りたくてたまらなくなります。私の狙いは、知識の習得よりもそこでした。だって最初に知識を詰め込まれると、勉強したくない気分でいっぱいになってしまいませんか。

次のページからは、誌上「星座の会」。太陽星座によるワーキング・ガールの傾向をご紹介します。仕事というものは、自分の意思をはっきりと口にし、自ら働きかけないと進まないので、有職女子の太陽星座には、仕事の傾向がくっきりと現れます。いつも雑誌の星占いで見ている星座でいいのですが、あなたのホロスコープでMCや6ハウスの始まりにある星座についても読んでみてください。太陽だけでなく、ホロスコープのほかの天体も仕事に生かせるようになると、その仕事はあなただけのオリジナルなものになっていくでしょう。

おひつじ座のワーキング・ガール

火星が守護し、活動星座でもあるおひつじ座に太陽があると、デスクワークより外まわりなど動きまわる仕事、身体を使う仕事に適性があるようです。今までにお会いしたワーキング・ガールでは、真っ赤なコートを着て現れた新聞記者さん、元気なヨガのインストラクター、クリエイティヴなカメラマン、海外と連携する団体職員の方などとびきりアクティヴな人たちが思い浮かびます。年齢を重ねてもマネジメントに進むより、一生、現場にいたいと考えるようなタイプです。その意味で会社の隅々まで目が届き、自分で仕切ることが可能な中小企業の社長も向いています。

「私らしさ」がアート志向に結びつくことも多く、「萌える」ポイントは、自分の意思やセンスを生かして、オリジナリティのある仕事ができるかどうか。東京のインテリアショップのオーナーやストックホルムの美大のプロダクトデザイン科におひつじ座が多いという情報もあります。パイオニアとしての新しい活動にワクワクします。

好きな仕事をしているおひつじ座のワーキング・ガールは、ポジティヴで明るく無邪気。裏表がないので、つきあいやすい人気者。ただ、仕事の上では物事を白か黒かで判断しがちで、答えをすぐに欲しがるなど空気を読むのが苦手なところがあり、ポジションを争ったり、好きでない上司に取り入ったりはストレスの原因になるでしょう。組織のなかのめんどうな人間関係や政治とは無縁の、職能がハッキリしている仕事がおすすめです。若いうちから、マネジメントや経理事務、折衝などを避けすぎると、いざ自分が管理する側になったときに困るもの。「アリとキリギリス」のキリギリスにならないためにも、若い頃から土星の力を積み上げられるかどうかがおひつじ座の後半生の幸せのポイント。

DE
SPÉCIA
CO

おうし座のワーキング・ガール

　金星が守護し、不動星座でもあるおうし座に太陽があると、金星らしい美に対する感受性が強まります。おうし座に天体が揃っていた2000年頃、27日生まれにインテリア雑誌の編集長、スタイリスト、建築家が揃い、驚いたことがありますが、総合芸術として住宅やインテリアに興味があることが多いようです。周囲のワーキング・ガールでは、ライフスタイル分野の編集者、ネイリスト、スパ・ジャーナリスト、グラフィック・デザイナー、イラストレーターなども目立ち、五感や色彩感覚を生かした仕事に就くと成功しやすいよう。その反面、感性を追求する世界は趣味として置いておく人も。無駄が嫌いで節約も得意。その上、安定志向なので、銀行員や公務員、専業主婦にも向いているでしょう。

　尊敬できる年長者には尽くしますが、目下と思うと強く出るところが。下働きやサポートは得意ではないので、専門職をめざしたほうが満足できそう。おひつじ座のように動きまわる仕事よりは、ゆったりと作業できる座り仕事がいいでしょう。同じ仕事や日々をコツコツとくり返すことは苦にならないので、仕事中も心地いい音楽や絵、自然光、グリーンなどに囲まれたサンクチュアリがあれば、長く幸せに働けるはずです。唯一の欠点は、自分にとって不快な言葉はシャットアウトしてしまうところかもしれません。部下におうし座さんがいるときは、注意しても耳に入らないどころか嫌われてしまうだけなので、好きな仕事をやってもらうしかなさそう。「萌える」ポイントは心地よくあること。お金がないのはストレスになるので、お給料の安定した、椅子に座っていられる、美しいものに囲まれた仕事というと調子がいいようですが、目標が決まると人一倍がんばれる人たちなので、できるだけいい環境を与えましょう。

ふたご座のワーキング・ガール

水星が守護し、柔軟星座でもあるふたご座に太陽があると、水星の機能のうち、聞いて話すこと、会話に関する感性が高まります。広く浅い知性が特徴で、周囲のワーキング・ガールでは、ディレクター、広告代理店、IT広告業、秘書、大部数の雑誌編集者など、たくさんの人と会話し、さまざまな情報を自分のところにいったん集め、再びはき出す仕事に就いている人が目立ちます。パブリックでわかりやすい広告・広報には適性があり、複雑な情報を整理し、広めることができます。意外なところでは、ボディトリートメントの仕事をしている方が何人かいるのですが、施術中のおしゃべりも得意だからかもしれません。一度に2つのことを同時進行できるふたご座らしさから来ていると思います。

水星はメッセンジャーでもあり、ストレスに弱いところがあります。責任を嫌い、強気なことを言う割に内面は自信のなさから揺れている、かわいい人たちでもありますが、年に3回ある水星「逆行」中は落ち込みや混乱がひどいので、そっとしておいたほうがよさそう。好奇心旺盛で新しい企画の立ち上げは大好きですが、洞察を深めるのは苦手で、それがコンプレックスでもあるようです。基礎的な知識を仕入れると、すべてわかった気になるのだけが玉にキズ。おしゃべりなので、ふたご座さんどうしは席を離したほうがいいでしょう。「萌える」ポイントは新しい知識を入れ、それを人に披露すること。話をしないで、黙々と取り組まなければいけない仕事は向かないでしょう。その意味で、タレント性は抜群にありますし、キャスターや女優なども、どんな原稿や脚本が来ても器用に演じられるはずです。カルチャーセンターの講師、弁護士、ジャーナリスト、コンシェルジュなどもいいかもしれません。

かに座のワーキング・ガール

月が守護し、活動星座でもあるかに座に太陽があると、月の感受性が高まります。感情に波があり、約2日半でひとつの星座を動く月のサイクルによって、機嫌がまったく変わるときも。母性が強く世話好きなので、結婚するとよき母親になりますが、シングルでも、職場の「お母さん」的存在としてチームの要になる人が多いのです。ただふたご座、てんびん座、みずがめ座などクールな風のエレメントの星座や男性スタッフにとって、かに座の女性上司は、お節介でうるさく感じられるかもしれません。彼らは職場ではもう少し距離を置きたいと望んでいるはずです。

人前に出るのは苦手なので裏方でいることを好みますが、親しみやすさから職場のアイドル的存在になることもあります。受付などにかに座さんがいると、にこにこと愛想がいいので、社外への印象がよくなるでしょう。小柄でもぽっちゃりとして愛嬌があり、男性上司やスタッフにはかわいがられるタイプ。どんな業種でも会社や集団に対する忠誠心があるので、ひとりで動くより、チームで動くプロジェクトに適性があります。家族経営の飲食業や自営業も向いています。かわいらしいペットや子どもが大好きなので、保母さん、トリマーなどもいいでしょう。

「萌える」ポイントは、好きな人たちに囲まれ、親しさあふれるなかで働くこと。そして、自分の働きが家族や地域のためになると感じられるかどうかで、張り切り方が変わってきます。そのため、今いる場所の人間関係がよすぎても、なかなか外へ踏み出さない癖があります。新しいステージに踏み出すには周囲の後押しが必要なタイプです。親しみやすく愛されやすいのでアイドルには案外、かに座が多くいます。大衆が求めている愛らしさや母性、優しさを投影されやすいのでしょう。

しし座のワーキング・ガール

　太陽が守護し、不動星座であるしし座に太陽があると、太陽意識で輝きたい、ドラマティックに生の喜びを享受したいという気持ちが強まります。身体能力が高く、ダンスや歌、スポーツ、演劇が得意ですが、一般社会でのしし座さんは、会社員志向が強いところがあります。それも義務である仕事に人生のすべてを奪われたくないという動機から。プライベートを重視しているためだと思います。大きな組織に属し、堅実に働いてお給料をしっかりもらい、休日はしっかり遊ぶというワーキング・ガールが案外、多いのが特徴です。

　とは言え、デスクワークよりは身体を使って自己表現ができる、華やかなシーンが多い職場のほうが楽しいはず。女優やダンサーも適性がありますが、一般社会ではアパレル、イベント企画、営業職やセミナー講師、ショップ店員などもよさそう。ドライヴやアウトドアが好きな人も多いので、趣味を仕事につなげるのも楽しそうです。

　ココ・シャネルがしし座なのは有名な話。恋も仕事も遊びも思う存分、人生を生きることで生の喜びを満喫するのがしし座。たくさんの人の注目を浴びるほど輝くので物怖じすることはありません。無邪気で遊び好き、子どものような一面もあります。「萌える」ポイントは、生命の実感と注目を浴びること。ステージが用意されていること、クリエイティヴであることを志向します。大勢のなかで王や女王のように輝くこと、特別であることを望み、大きなステージにも進んで挑戦します。ただ女性の場合は太陽を男性に投影し、月や金星でいることを好む場合もあります。そうしたときは独特の抑圧的なムードが漂ってしまうので、ダンスなどでエネルギーを活性化させて。ファッションもゴージャスなものを選ぶと、しし座らしい華やかな魅力が漂い始めます。

おとめ座のワーキング・ガール

　水星が守護し、柔軟星座であるおとめ座に太陽があると、ふたご座同様、水星の感性が高まります。風のエレメントであるふたご座に対し、おとめ座は土のエレメントなので、職人気質。感じた言葉やエネルギーを紙に記すこと、手仕事として形づくることに喜びを覚えます。ふたご座同様、ストレスには弱く、とても繊細。神経質で、強いプレッシャーがあるほど批判的になる傾向が。細かいところにこだわりすぎ、全体が見えなくなるのが欠点です。水星の影響か、いくつになっても清楚な魅力を失わないので、男性上司には受けがよさそうです。

　文筆業、編集者、批評家、書店員、印刷業など出版の世界は、全般に適性があるようです。創作よりは事実を記録することを好みます。関心があるのは、手仕事、環境問題、自然、健康、オーガニックな生活など。自然のなかの落ち着いた暮らしを愛する傾向。ほかの惑星との絡みはもちろんありますが、手芸家や陶芸家、ガーデナー、農場主、建築家もセンスはあるでしょう。ただ、コンサバで冒険を好まないので、自然のなかの共同体での生活などを夢見ながら、普段は大きな会社でデスクワークをしているという人も多いものです。

「萌える」ポイントは、感じたエネルギーを編集し、美しいものを作ること。自分から働きかけるより与えられた仕事を改善することを好むので、雇用には適性があります。仕事への関心が高いので、ハードワークになりがちです。さほど身体が強くないので、自分のペースを守るために段取りをします。そのため、大きなことを考えるよりも、仕事や生活という日々の積み重ねに幸せがあるように考えますし、コントロールの強い傾向も。すべてを緻密に、完璧に仕上げたいという気持ちを手放すともっとリラックスできるでしょう。

ÉT

てんびん座のワーキング・ガール

金星が守護し、活動星座でもあるてんびん座に太陽があると、金星の美に対する感受性が高まるとともに、風のエレメントだけあって思考が活発になります。マシンである天秤が象徴するように人との関わりに慎重になり、情熱に欠けるところがある一方、つながりを強く望んでもいます。穏やかな愛情と優しさから接客業や受注業務、美しいものを売る販売業務には適性がありますが、自分を売り込み、プロジェクトをまとめるような営業職、アイデアが必要な企画職、すばやい判断が求められるディレクター、企業のトップなどは荷が重いはずです。自発的な行動やプロジェクト・リーダーになるのは苦手なところがあるのです。

アパレルやインテリアの販売員、スタイリストには適性があり、洗練されたスタイリングが特徴。多色使いより、形やラインでシックな美を表現します。自分の見せ方にこだわりがあるので、モデルとしても適性があります。自分の意思で行動するのが苦手なぶん、他者の動機に共感すると発奮します。何よりも平和を愛するので、多くの人の幸せを求めるプロジェクトほどやり甲斐を感じるでしょう。「萌える」ポイントは、人の顔が見える仕事。人と関わり、「ありがとう」と言われるとモチベーションが上がります。部下や後輩にてんびん座さんがいるときは誉めることが大切。愛想がよく気配りができるので、ゼネラリストとしてチームの縁の下の力持ちに。会計時、伝票が置かれるのは大抵、てんびん座さんの前です。てんびん座冥王星世代でのてんびん座生まれでは美への追求が高まり、メイクやモードもコンサバから脱しようとします。反面、自分が人からどう見えているのかとか、社内の人間関係とかで調子を崩しやすいところも。正しい判断をしようとあまり考え込まないことが大切です。

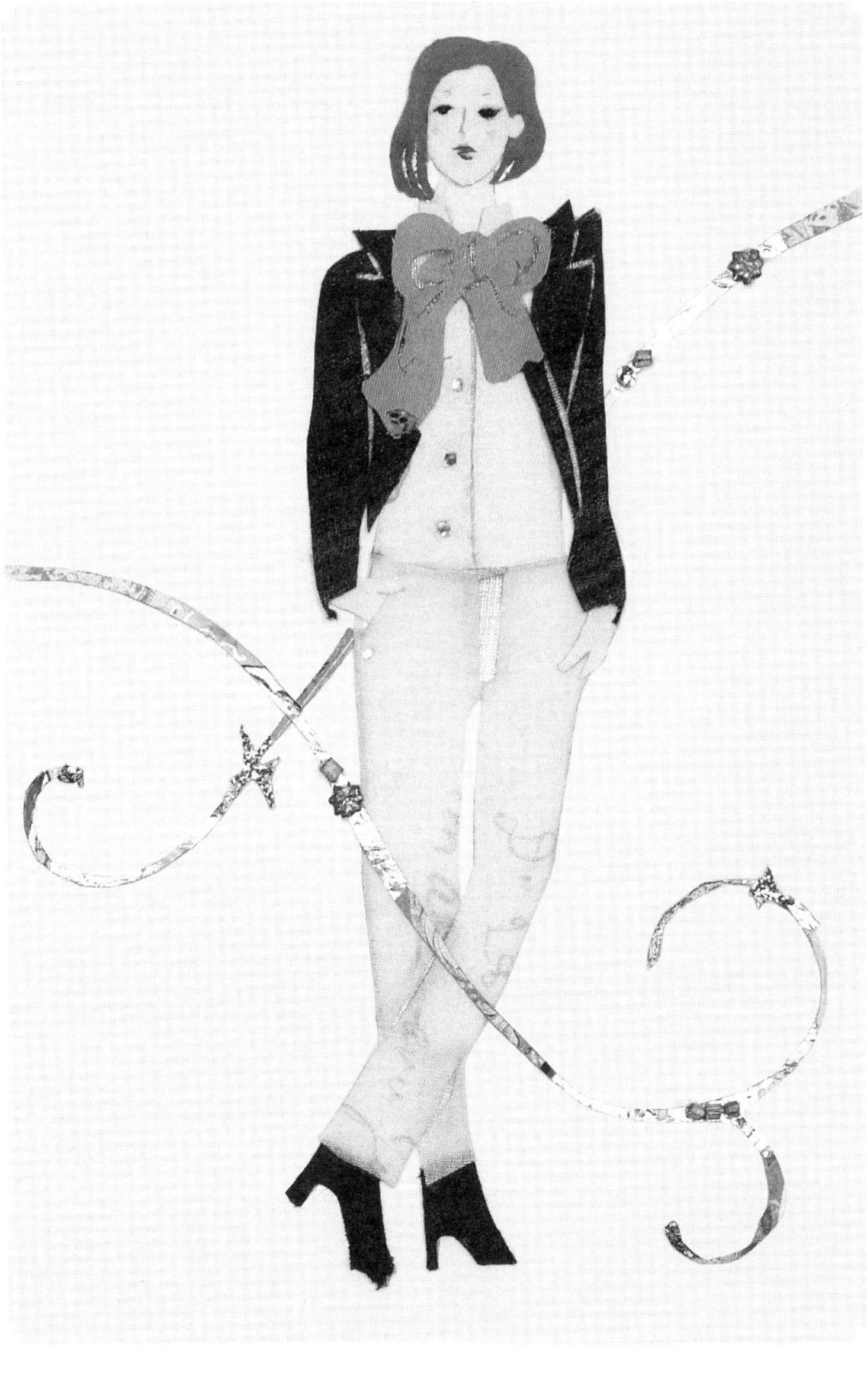

さそり座のワーキング・ガール

　冥王星が守護し、不動星座であるさそり座に太陽があると、不屈の精神とともに洞察力やコントロール力が高まります。職場や業界でもカリスマになりやすい磁力のある人たちです。表立ってチームを引っ張るよりは押し出されて前にいるようなタイプ。ミステリアスで抑圧的なムードをまとい、周囲からは理解されにくいかもしれません。

　見えない世界に親和性があり、占いや心理学にも適性があると言われますが、一般社会では洞察力が生かせるすべてのこと、研究職やプロデュース、マーケティング、リサーチなど表には出ないでコントロールする仕事に向いているでしょう。保険や金融についても、この世を支配する見えないエネルギーのシステムということで興味を抱くかもしれません。

　どんなジャンルでも内奥まで追求して支配することを好み、自分らしい仕事に育てようとするので、ひねりのある独特のスタイルを作り上げます。職人気質で、ジュエリー・デザイナーや歯科技工士などひとりでこもる技術職も苦にならないでしょう。探偵業、葬儀業など人の秘密をのぞく仕事もよさそう。部下にさそり座のワーキング・ガールがいるときは、リサーチをまかせて。人のリズムに合わせるのは苦手なので、自分のペースで動ける仕事がいいでしょう。ひとつの土地や文化を追求し、その土地の権威になることもあります。

「萌える」ポイントは裏側が見えること。コントロールができること。本ものであること。「これだ」と思うものがあれば、修行僧のように自ら飛び込み、追求します。ほかの人なら臆するような生死がかかった場面で生き生きすることもあります。しし座はステージで生の実感を得ますが、さそり座のワーキング・ガールはこの世とあの世の境界にまで行きたがるのです。

いて座のワーキング・ガール

木星が守護し、柔軟星座であるいて座に太陽があると、人を導き、応援する仕事に適性が生まれます。知的好奇心も旺盛で、わかりやすく教えることができるので、教師はライフワークとなるでしょう。飾らない人柄で、自由奔放、ちょっとおっちょこちょい。正直で誠実でありたいと望み、人にも自分にもおおらか。また上昇志向が強く、仕事熱心です。博識で、大学職員や研究職も向いています。ただ啓蒙意識が強すぎるところがあり、時々、鼻についてしまうかもしれません。時空に縛られず、「ここではないどこか」へ飛んでいきたいので、旅や海外に興味があります。自在に時間旅行ができるという意味で歴史も好きでしょう。ワーキング・ガールでは大使館職員や海外アパレルブランド、商社、旅行代理店など、語学を使い、海外に飛び出す仕事に就くと、充実感を得られるようです。

切り替えが早く、一時代が終わったと感じると幕引きが早いのも特徴。ストレス耐性は弱いところがあり、精神的に自由にならない環境を嫌い、仕事に興味が持てなくなると、いさぎよい転身や変容を望みます。スピリチュアリティにも親和性があるので、禅や仏教の世界を深めることもあります。「萌える」ポイントは、高みから人を導き、啓蒙すること。若いうちはストレスを感じるかもしれません。後輩や部下など慕ってくる人はとても可愛がります。また過去にはあまり興味がなく、いつも前を向いているので、若いうちは段取りが苦手かもしれません。一生懸命で手を抜くことはないのですが、短期集中で仕事を仕上げようとするので、納期が近づくと何日も徹夜をすることも。ある日、ぱったりと動けなくなることがあります。部下にいて座のワーキング・ガールがいたら、ペース配分をしてあげるといいでしょう。

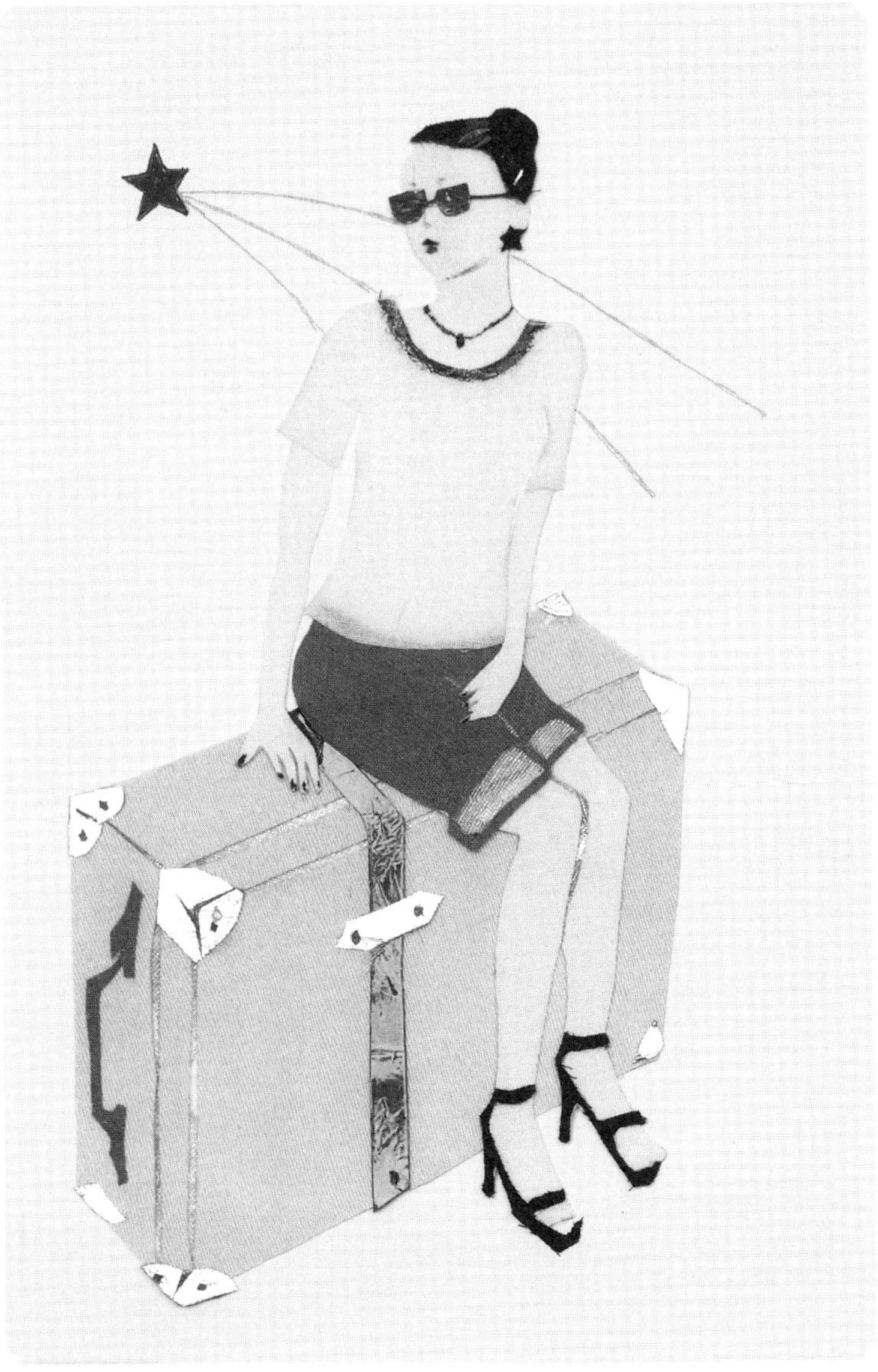

やぎ座のワーキング・ガール

　土星が守護し、活動星座であるやぎ座に太陽があると、達成したいという意欲が強まります。土星的なもの、時を経て王道になったものをめざすので、社会のなかの正統派、主流派であることを好みます。大変な努力家で粘り強く、耐えることが好き。個人より社会に目が向くので、社会福祉や医療の現場に携わるワーキング・ガールも多いのです。正しい言葉へのこだわりが強く、感情やニュアンスで話すことを嫌うので、会議通訳や数学者、銀行員、エンジニアなども適性があるでしょう。デスクワークなら、医療事務などもやり甲斐を感じられそうです。実用性を好むので、仕事でも社会の役に立っている実感が得られると長く続けられるでしょう。時間はきちんと守りたいほうで、他者のスケジュールに合わせるのは苦手。流動的なスケジュールはストレスになるので、規則正しい生活が送れる会社員や団体職員、公務員などもその意味でおすすめです。

　子どもやペットなど自分の懐に入ってくるものを可愛がりますが、世話好きではなく他者への干渉には慎重です。少しひとりよがりなところもあって、チームワークは苦手。スポーツでも水泳やマラソン、ウォーキングのような個人競技を好みます。時間をかけて磨かれてきたものに魅力を感じるので、伝統的なものに興味を持ちます。

「萌える」ポイントは、大変な仕事であること。高いハードルがあって、がんばるのが好き。また、社会の階層ではトップにいることを望んでいます。ディレクターでいたいと考え、人のために時間を遣うことはストレスに感じるので、サポート業務は不得手かもしれません。そこが野心的とかクールとか勘違いされやすい所以。直線的な時間のなかで生きているので、自分のペースを崩さず、山の最終地点をめざす人たちです。

みずがめ座のワーキング・ガール

天王星が守護し、不動星座であるみずがめ座に太陽があると、エキセントリックと思われるほどの革新的なセンスが高まります。電気、インターネットなどその時代に新しいといわれる産業に惹かれるでしょう。古代から脈々と続くもの、鉄鋼業や政治の世界などにはあまり興味を抱かないのです。男女の役割分担や伝統的な結婚形態も好まず、ユニセックスでありたいと考えるので、余計に新しい気風の職場に向かうのでしょう。

イメージを変えるのが上手なので、福山雅治さんや小泉今日子さんのように、新鮮味を失わずに長い間、活躍できるのもみずがめ座らしさかもしれません。誰とでも適切な距離を置き、ひとりでも楽しめる性質を持ちます。企画力がある一方で、押しが足りないところがあるので、時代の潮流に乗れるかどうかが鍵。IT広告業、フェアトレード、オンラインストアなど既存の流通システムを革新する分野は、現在のみずがめ座の領域です。「萌える」ポイントは、革新的なアイデアを多くの人とシェアできること。時代の最先端であることを望んでいる「ビジョナリー」です。「つまらない会社に入るくらいなら自由業で」と考えます。ただ、みずがめ座のなかにはやぎ座が内包されています。天王星が発見されるまでは土星が守護星だったこともあって、意外とコンサバなところも持ち併せているので、その間で葛藤することが多いようです。後で説明しますが、天王星意識はハードルが高い挑戦なので、会社に縛られない生き方を模索するうちに根なし草のようになってしまう場合もあります。フリーランスなどのワーキング・スタイルを形だけ取り入れるよりは、どの分野が今の時代に革新が必要で、そのプロセスが自分をワクワクさせてくれるのかを大事にしたほうがいい結果になるでしょう。

うお座のワーキング・ガール

海王星が守護し、柔軟星座であるうお座に太陽があると、芸術への感受性が高まります。実際、シンガーやアーティストには個性的なうお座さんが目立ちます。水のエレメントの星座らしく、感情に訴えかけるような、どこか色っぽい芸風が特徴です。やぎ座のシンガーのようなはっきりした発音、リズムではなく情感あふれるメロディに特徴があるのです。

努力家が多く、知識欲や向上心も強いので、資格取得などもがんばるタイプです。一般社会では経理やＩＴの仕事に就いている人が案外、多いのも特徴。うお座女性は、うお座男性より現実感覚に優れているので、音楽は趣味のバンドなどにとどめているはず。また海王星が境界を曖昧にするので、自分の周囲にいる人たちの感情に親和性があり、いつでもほかの人たちの幸せを願う根っからエンジェルのような人たちです。一般社会のビジネスや商売だけでは満足できないので、奉仕や信仰の世界に生きると喜びがあるでしょう。会社員で収入は得るとしても、ＮＰＯやボランティアなどをライフワークにしてみましょう。

「萌える」ポイントは、人類の平和や幸せに自己犠牲をもって献身すること。高い理想と関わるほどやり甲斐を感じ、人のサポートも喜んで引き受けます。ただ、そのエンジェル性を仕事に生かしすぎると、「感情労働」といわれる分野で、相手に共感しすぎて参ってしまうことにもなります。それがアルコールや人間関係への嗜癖につながることもあるので、人のお世話ばかりではなく、自分のことを振り返りましょう。部下にうお座のワーキング・ガールがいる場合は、気持ちよく仕事をしてくれるので、頼みやすくて仕事を振りがち。ただ、「いつでもいい」といった振り方は厳禁。ずるずると遅れてしまうかもしれません。

LESSON 2

星を育てる

レッスン1でお話ししたように、あなたが生まれたときのホロスコープの天体は、可能性のかたまりの種。どんな人も、心のなかに星の種を持っているのです。大人になるとともに星の種が自然に育ち、可能性が花開くのが理想です。星の種が育つと、それがアンテナとなってフローを受け取れるので、その人の人生には、さまざまなシンクロニシティ（意味のある偶然）が起こり、人生が展開していきます。それは周囲の人からは魔法のようにも見えるし、「運のいい人」と言われるわけです。いわゆる「流れに乗っている」状態が年齢を重ねても続きます。何より、本人が何歳になっても楽しそうで生き生きとしています。

でも、何かのきっかけで星の種が蕾《つぼみ》のまま閉じてしまうことがあります。生まれつき弱い種だったのかもしれないし、子ども時代や思春期に何かショックなことがあったのかもしれません。大人になってから、立ちどまってしまった人たちがもともと持っている可能性の種を咲かせるにはどうしたらいいのだろう……「星を育てる」発想は、そんなことを考えるうちに生まれたものです。

レッスン2では、あなたが生まれ持った星の種を育て、どうホロスコープを展開させるかをお話ししてみたいと思います。でも、それは疲れた身体をひきずって、自分を鞭打つようにがんばることではありません。あなたのホロスコープという庭の植物がその生命力を発揮できるように、世話をしてあげてください。どんな花壇に植えるといいでしょうか。肥料や水をやりすぎてもいけないでしょう。冬の間に、土をふかふかに整えることも大切かもしれません。自分のために手をかけるのは素敵なことです。本当の自分になるだけですから、そこには他者との競争も、他者から奪うこともありません。大金持ちになるとか、地位を得る椅子とかは全員分、用意されていないと言われれば、もしかしたらそうかもしれません。でも、誰でも心がけひとつで美しく生きることはできると思います。

星を育てる作業が行われるのは心のなかです。「いい大学へ行って、いい会社へ入る」とか、「いいポジションを得る」とかの外側のものを獲得する「おはなし」とは違うところにその醍醐味はあります。心のなかにある金星はショッピングとは違い、自分自身が楽しみ、喜びを覚える時間から育ちます。心のなかにある土星は、外側の権威や成功を焦ることではなく、日々のくり返しから育ちます。心のなかに育てた星は、あなたをお金持ちにはしてくれないかもしれませんが、内的世界を豊かにしてくれます。外側のものがぜんぶなくなっても、あなたから奪われることはないのです。

「星を育てる」とは自分に正直に生きることでもあります。コンビニエントな現代では、なんとなくでも生きてこられたかもしれません。でも、そんな自分を見ているもうひとりの自分はいるもの。そのため、正直でない自分を好きではなくなってしまうのです。好きではない自分と四六時中、一緒にいるのはつらいものですね。ついイライラしてしまったりして、自然な美しさからは遠ざかってしまいます。ハートに正直に生きるのは、未来の自分のための一番のプレゼント。美しく年齢を重ねるために星を育ててみませんか。

☆☆★ 星を育てるってどういうこと？

「運命は決まっているのですか」

星占いを書いていると言うと、「こんなに悩んで選択しているつもりなのに、私たちに自由意志はないのですか。運命は決まっているのですか」という質問を受けることがよくあります。レッスン1だけで終わってしまうと、生まれたときのホロスコープで、自分の性質が決まってしまうようで反発を覚える人がいるのも当然かもしれません。

この質問への答えはイエスでもあり、ノーでもあります。『占星天文暦』（42ページ）を見ていただくとわかるように、現代ではコンピュータによって、星の動きは何年先でも正確に割り出せます。「4年後にあなたが生まれたときの太陽を冥王星が通過しますが、そのとき潜在していたものが浮かび上がり、人生の大きな転機を迎えるでしょう」と言うように、転機のタイミングはわかります。その意味ではイエスなのです。でも、人間には自由意志があります。生まれたときのホロスコープにある天体は、種のような可能性のかたまり。人生のすべてが決まっているわけではないので、その意味ではノーなのです。

運命は、手織りのタペストリーをはぎ合わせたようなものだと感じます。出発点も、転機のタイミングも決まっている。つまり、20㎝織ったら次の時代、30㎝織ったらまた次の時代ということはあらかじめ、決まっているのです。織り機にかける経糸《たていと》は、はじめに絵柄をイメージして配しておくものですが、この経糸は、持って生まれた素質や環境です。私であれば、日本人の女性で、現代の東京に生まれたことは選びようのない運命の経糸、宿命です。容貌や性質、才能も先祖からのＤＮＡに負うところは大きいでしょう。でも、織物を仕上げるには緯糸《よこいと》も必要です。どんな緯糸を選び、どんな絵に織り上げるかはその人しだいなのです。もし「人生などこんなものか」と、人生が差しだす緯糸を無視していれば、すかすかしたあまりおもしろくない絵になってしまうでしょう。ちょっとしたことで、破れたりほつれたりしてしまうかもしれません。

私は占星術を学ぶうちに、魂には深いところで計画があると感じるようになりました。だから、本当は、経糸という宿命も自分で選んで生まれてきたのかもしれませんし、緯糸もだいたいは決めているのかもしれません。魂の計画通りに生きたほうが満足できるはずですが、途中で変更したくなったら変更もできるのではないかと思います。また、同じ経糸を選択していても、努力しだいで咲く花や実りはまったく違うものになるかもしれないのです。人生の脚本は、今の自分が書いたのではないにしても、魂はその脚本に「イエス」と言って、納得して生まれてきているとイメージしてはどうでしょうか。

胎内記憶のある子どもたちが、「生まれる前にお空からお父さんとお母さんを見ていて、このふたりの子どもになりたいなと思って生まれてきたの」などと話すことがありますね。科学的に証明できることではありませんが、私たちの魂は空の上から時の川を見下ろして、自分のテーマを生きられる瞬間を選んで、生まれてきているのかもしれません。でも、引き受けた役をどう演じるかは俳優ひとりひとりの力量にまかされているのです。魅力的に演じられる人もいるし、そうでない人もいるわけです。

赤子は、人の手を借りないでは大きくなれないので、環境や運命が用意されていなければ生まれてくることはできません。それらをホロスコープは象徴していますが、そのホロスコープをどう展開するかは、自分の選択と努力しだいなのです。環境や運命という外側の影響には個人差があるので、恵まれた人もそうでない人もいます。でも、外側にばかり目を向け、振りまわされるのではなく、「私」を育てれば、外の影響とシンクロしながらも、自分らしさを失わないでいられるでしょう。コミットメントを怖れ、人生が差し出す緯糸にノーを言い続けていたら、何も起こらないまま人生が終わってしまうこともあります。怖れているのは失敗だけでなく、人生が差し出すギフトがあまりに素敵で大きいので、後ずさりしてしまうこともあります。「私はそんなタイプじゃないわ」と引きこもってしまうのです。

先祖や魂という経糸との関わり方

そうは言っても、今、あなたが引き受けている人生は、先祖からの流れのなかにあるのも確かなことです。江戸時代から続く老舗の跡取りなどを取材すると、先祖の意思や代々の業績というその家系の物語と、そのなかで自分が果たすべき役割を把握していることに感心します。先祖からの流れは、「しなければいけない」という観念や制限にもつながることもありますが、彼らの揺らがない自信は、自分の立ち位置がわかっているから生まれるのだといつも感じます。

私は東京生まれで、自分のルーツというものを数年前まで意識したことがありませんでした。でも、これは自分自身を知らないことだと今は思います。サラリーマンの娘にも先祖はいますし、今の自分に至るまでの「筋」はあるのです。すべてを過去のせいにする必要はありませんが、先祖のルーツといった自分の経糸を知ること、その経糸がもつれていたらほどくことも、星のフローを乗りこなす自分になるためには必要だと感じます。しがらみだと思っていたことに向き合うことでより自由になれることもあるのです。

何のために生まれてくるかというと、魂は、きっと進化することを望んでいるのです。その進化の方向性がホロスコープに現れている。現在の私は輪廻があると思っていますが、過去生の続きができる土地や家系、星まわりなどを選んで魂が生まれてくるように思います。先祖からの家系の経糸はよれていることもあるので、もつれた蜘蛛の糸をほぐすようにすることで長年、潜在意識に鬱積した思い込みもなくなり、苦しむことなく魂が望む方向へ行けるのではないでしょうか。

身体は魂の乗りものだとよく言われますが、太陽はエンジンです。どんなにパワフルな車でも荷物が載りすぎていたら、前に進むのはとても大変なはずです。先祖の所業というのは加護にもなりますが、荷物になることもあります。太陽という創造的に生きる力を強くするとともに、身体という乗りものもいたわり、過去という荷物も軽くする。ボディ、マインド、スピリットをよい状態に保つことで、軽やかに生きられるようになるでしょう。身体によいものを食べて健康に生きることも、勉強をして自分の頭で考えられる人になることも、過去にも未来にも縛られない自由な精神を持つことも、どれかひとつだけが飛び抜けて大切ということはなく、すべてシンクロしているのでバランスが大切です。何よりも自分に正直になることで、星のフローを取り入れられるようになり、人生の流れがよくなるはずです。

やりたいことを引き寄せられる

悩んでいる人は、中身ではなく外側の形を見ていることがよくあります。「あの人ばかりが恵まれて、いい仕事やポジションを得ている」と他者をうらやむ傾向があったら、ちょっと足もとを振り返る必要があるかもしれません。

たとえば、次々に主役のチャンスを得ている新人女優の若い女の子がいるとします。もちろん運もありますが、そのとき力のあるプロデューサーと知り合いだからだとか、事務所が大きいからだとか考える人がいます。外側のフレームやステージという用意された箱に目が行ってしまうタイプです。でも現実には、その若い女の子には人を引き寄せる輝きや女優をやりたいという意思に目を引くものがあるはずです。また、朝から晩まで続く連日の撮影、ドラマや映画の宣伝をこなすまじめさ、雑誌のインタビューやブログの更新でオリジナリティを出す工夫など、プロとしての心構えはすでに大女優並みなのかもしれません。

外にばかり気持ちを向けて、「もらおう、もらおう」とするのは少し欲深いように思えます。ポジションや結果を焦らなくても、あなたのなかの星のエネルギーが大きくなれば、やってくるものも大きくなります。特別な才能がなくても、精神力の強さや仕事への愛情の濃さなどあなたなりの輝きで「引き寄せ」の法則が働きます。またそのことが変化の時代にも、あなただけの自信や安心につながるはずです。「引き寄せ」とはあなたがやりたいことをするなかで自家発電しているような状態になったとき、エネルギー量が自然と増えて、世界に投げかけるものが大きくなったときに起こります。内にある星の意識の大きさとその人の外にある世界は、いつも等しい。「世界があなたを映し出す鏡である」というのは、その意味で本当のことだと感じます。

星座にとらわれずに星の意識に目を向ける

ここで育てたい星とは、あなたのホロスコープのなかにある天体の意識です。天体がゾディアックをめぐるということは、12星座すべてのエネルギーを経験し、天体の性質のバランスを取ることが大切なのだと思います。天体の意識は生まれたときの星座によって色がついています。その色を語るのも楽しいものですが、実は、その色を中和させていくために、地球での人生があるのです。そのため、どの星座に天体を持っていても、共通して星の意識を成長させ、バランスを取ることで、人生のバランスも取れてくる……私はそんな風にイメージしています。

とは言え、今までに「星座の影響がないなあ」と本当にニュートラルなエネルギーに感じたのは、取材でお会いしたヒマラヤの聖者くらいでした。ゾディアックの12星座から本当の意味で抜け出すのはそれくらいむずかしいのですが、自分のペースで星座の色を浄化することはできるでしょう。

また、生まれたときのホロスコープでアセンダントにある星座は、「人からどう見えるだろうか」とか「私って○○だから」などという自己認識を表します。自分のなかにある星とつながらず、アセンダントの人格だけに寄っていると、表面だけで生きていることとなって、あなたのなかの星は息ができずに苦しむことになります。アセンダントの星座には両親や地域の期待が現れていることが多いのですが、そこから生まれる人格は、本当のあなたというわけではないからです。アセンダントの人格を育てることは重要ではありますが、「私はこうであるべき」という条件づけに縛られないように気をつけたいところです。

ハウスも同様で、たとえば10ハウスに太陽があるからとキャリアに縛られすぎても苦しくなります。太陽があるハウスの領域はやらないでいるとフラストレーションは溜まるものですが、すべてはバランス。「ハウスの通りに活動しなければいけない」と思わずに、偏りすぎているときは、天体のないハウスでも世話をしてあげましょう。

与えられた星を生き切る

星を育てる発想は、「太陽星座が何座だから、黙っていても、あなたの運命はこうなります」「こんな仕事をしなさい」と言い切るものとは違います。「12星座のワーキング・ガール」のところでもご紹介したように、星座によって向いている職業はあると感じますが、その職業を絶対やらなければいけないというものでもないのです。

たとえば、太陽は、今回の人生であなたに割り振られた配役のように思えます。前世があるとして、前世で宝塚の娘役のような人生を生きていたのに、今回の人生でシェイクスピアのマクベスのような人生をやることになったら、ハードルの高いチャレンジに感じるかもしれません。あなたの魂は、本当はずっとシェイクスピアをやりたかったのでワクワクしていたとしても、実際にやってみると、伸ばさなければいけない力も発見するかもしれませんし、前世までの準備が十分でなかったら、人生という舞台の幕が開けてからもスリリングになるでしょう。

あなたに与えられた星を育てるということは、あなたの人生を生き切るということです。「人生なんてこんなもの」と適当に生きるのではなく、与えられた生を謙虚に生きることが美しいと思います。

星を育てるレッスン

トランジットという考え方

あなたが生まれたときのホロスコープは出力しましたか。手もとにあるでしょうか。レッスン1でも少し触れてはいるのですが、ここで、あなたのフローを見るために基本となるトランジット（通過）という考え方を整理しておきましょう。

プラネットが作り出す「時」のフローがあって、あなたが生まれた瞬間のプラネットの配置を記したものがホロスコープだということはお話ししました。あなたが生まれたときのホロスコープは、あなたの心に刻印されてしまうようなイメージを持ってください。

一方、あなたが生まれた後も、プラネットはゾディアックのメリーゴーラウンドをまわり続けています。円には終わりがありませんから、天体が春分点まで来ると、また次のサイクルに入ります。たとえば、私の生まれたときの太陽はおとめ座の19度にありますが、ゾディアックをめぐる天体がおとめ座の19度を通過することが当然、出てきます。それが引き金となって、地上の自分にも出来事が引き起こされると考えるのです。ぴったりの度数でなくても、ホロスコープの天体に対して、90度、１２０度、１８０度などにやってくるタイミングも重視されます。これが西洋占星術にさまざまなテクニックがあるうち、もっとも基本的なトランジットという考え方です。そして、天体が通過している間の出来事は、その天体によるあなたへのライフ・レッスンなのです。

少しむずかしいでしょうか。先ほどの経糸と緯糸の例でいくと、生まれたときのホロスコープが経糸ならば、現在、ゾディアックをめぐるフローはこの緯糸に当たります。自分の内側にある、荒削りなエネルギーの「素」のようなものを外側にあるフローを取り込みながら、魂は成長していくのです。トランジットの考え方からすると、天体の意識は、ゾディアックのサイクルを重ねるほど、「ものになる」のです。

AC（アセンダント）、DC（ディセンダント）、IC、MCを現在の天体が通過するタイミングも重視されます。たとえば、土星のトランジット。生まれたときのホロスコープのアセンダントに現在の土星がやってくると、精神的な落ち込みや抑うつを感じ、自分自身の殻を破るためにもがくケースがよくあります。ICに土星がやってくると、多くの人が居場所を変える、根を植え替えるタイミングを迎えます。DCに土星がやってくると、人間関係でのレッスンが起こりやすく、MCにやってくるとキャリアの重責がもたらされます。もし、あなたが人生で本質とは違うものを積み上げてしまった場合、人生に軌道修正しなければいけない部分が多いので、土星の通過によって引き起こされる変化はつらく感じられるかもしれません。逆に土星をものにしていれば、ポジティヴに達成するという使い方もできます。

惑星の年齢域という考え方

それぞれの天体が支配する年齢域があるという考え方があります。日本では著名な占星術研究家の松村潔さんが重視されているので、一般にも比較的、知られている考え方です。0〜7歳は月、8〜14歳は水星、15〜24歳は金星、25〜34歳は太陽、35〜44歳は火星、45〜54歳は木星、55〜64歳は土星がもっともパワーを発揮するというモデルです。

私自身の人生を振り返っても、かに座の月である子ども時代は、本やおままごとが大好きなおとなしい子どもでしたし、おとめ座の水星の義務教育期間は、まじめな優等生でした。おとめ座の金星は、思春期から働き始める頃ですが、おとめ座らしい手芸雑誌や生活雑誌の編集者となりました。おとめ座の太陽期を経て、みずがめ座の火星期である現在は、みずがめ座の象徴するインターネットのオンラインでデビューすることになりました。

この話をすると、単純でわかりやすいことから、その年齢になると、待っていても人生が展開するように勘違いしてしまう方がたまにいます。でも、実際にはトランジットと重ね合わせないと読むことはできませんし、女性にとっては、月や金星意識で受け身でいるほうが楽なので、30代になっても、太陽意識や土星意識に目覚めることなく、父親や夫に預けてしまう人も多いのです。

たとえば、好きな人に自分の夢を託して、自分は安全なところにいて相手をコントロールするという女性はよくいるものですが、こうした人は、太陽を相手に預けています。相手には自由に生きる権利があることがわからずに文句を言うなど、自分にとって魅力のある相手への依存に陥ってしまうのです。ときどき結婚しても、夫をお父さんにしてしまい、自分は子どものようになる人がいますが、こうした人は太陽だけでなく土星も預けています。預け先が家族や恋人ならまだいいのですが、仕事先や教師などに甘えが出る残念な人になってしまうでしょう。

家族全体で太陽となる人がひとりいて、周囲は月や金星意識のまま成長していないこともよくあります。中小企業の社長さんと従業員のような関係です。家族全体で支え合い、大きな森のように存在することは悪いことではないのですが、一家の主人のホロスコープを家族全員で分け合うような家族は共依存になってしまい、お互いに苦しくなるかもしれません。土星を祖父母がやって、太陽を父親、金星を母親、月が子どもという状態は、子どもが小学生のうちはいい。世代交代が上手く進めばその後も問題はないのですが、数十年も同じ形を続けると機能しなくなります。たとえば、親元にいる娘が40になろうというのに親子ともに意識を切り替えられないと、子どもはいつまでも金星や月でいなければならず、いつも親にとってのあるべき形にコントロールされるので非常に苦しくなります。

また昨年、ある双子の小学生の女の子たちとしばらく一緒に過ごす機会がありました。いつも男の子みたいに元気いっぱいなお姉ちゃんと、甘えん坊の割にいじめられっ子にも声をかける心優しい妹。性格の現れ方がまったく違うので、彼女たちの生まれたときのホロスコープを見たところ、お姉ちゃんがみずがめ座の太陽を、妹はうお座の金星を引き受けていました。妹のお姉ちゃんに対する嫉妬が激しかったのは、太陽を盗られていたからだと思います。大人になると同じ家庭や学校にいなくてもよくなるので、妹も太陽を生きて輝くようになるでしょう。反面、恋愛でもする年頃になると、お姉ちゃんも妹がうらやましくなり、金星を取り戻して少し女の子らしくなるかもしれません。

子どもの頃、「主人に聞いてみないと……」と母が言うのをよく聞いたものでした。日本では、女性は太陽など引き受けず、月や金星でいたほうが生きやすい時代がずいぶん長くありました。流されて、預けてしまったほうが楽に思えたとしても、星を預けてしまうと、自分のエネルギーも、可動域も少なくなります。年齢とともにどの星もバランスよく育てられると、あなたは、どんなときもひとりで動ける人になるでしょう。よくゲームなどで、勇者が道具を獲得するプログラムがありますが、星の種も同じ。大人になるとお膳立てをしてもらえる機会は減るので、使える星が育つほど、人生でできることは広がります。ホロスコープにあるテーマは、どんなに大変に思えても、人に頼らないで自分でやることが結局のところ、幸せの鍵なのです。

この章では、トランジットという外から持ち込まれる影響と、内から外へと発達する天体の意識のあり方を年齢域の考え方も絡めて書いてみたいと思います。

トランジットは、日々、ゾディアックをめぐる天体による影響。一方、年齢域は、自分のホロスコープに目を向けたもので、ある年代に自分という列車が走る「路線」のようなもの。年齢域が切り替わる前後は、実際、節目となることも多いのですが、次の路線に乗り換えることを心が求めていても、勇気が出なければ前の路線に乗り続けてしまい、行き止まりになることもあり得ます。人生のジャンクションで勇気が出せるかどうかは、その人しだいです。

あなたが生まれたときのホロスコープという自分軸と、ゾディアックをめぐる天体によって、外から持ち込まれる天体の影響がある。自分軸だけでも時代から取り残されるでしょうし、天体の影響だけを取り込んでも、時代に振りまわされてしまう。どんなに激しい嵐の時代にも強い精神を持ち、身体の力を抜いてリラックスしていられれば、また自分の中心軸や軌道に戻ってこられるものです。そんな自分になることが星を意識する醍醐味でもあると思います。

男性性と女性性のバランス

人生が上手く展開する人は、男性性と女性性のバランスが取れています。私はよくカタマランヨットにたとえるのですが、2つのヨットの上に甲板を渡した双胴船は、人工の動力がなくても風だけで海を進むのです。男性性と女性性のバランスがいい人は、人生において転ぶことが少なくなります。

この話をすると男女の役割分担のように誤解されることがありますが、性別とは違います。「女性性があなたのテーマです」と言われて心理的な抵抗が起こるようなら、あなたが女性でも男性原理を優先して、身体に負荷をかけて生きているのかもしれません。「強くあらねば」と思っているストイックな人ほど、「女性性を取り入れてください」と言われると、「弱くなれ」「できていないところがまだある」と感じてしまうのですね。でも、生まれ持った性がどちらでも、思考を実現化させる男性性のエネルギーと、ありのままの自分で存在し、他者のことも受け入れる女性性のエネルギーのバランスをとることは大切です。

女性性を否定して、男性性に傾きやすい人は、生まれた家庭や地域に男尊女卑の風潮が強いことが原因のようです。「男の子のほうが得をしている」ように思うから、損をしないようにがんばっているだけで、自分がやりたいことをやっているわけではないので苦しくなる。あるいは、仕事自体はおもしろくても、達成目標に向かって進行し、生産する男性性のエネルギーにハマってしまうと、女性という身体性を無視してしまうから、やっぱり苦しくなる。星で言えば、太陽の自主性、火星の行動、土星の達成に偏りすぎているのですが、大都市や組織にいると、男性性に行ってしまうのは仕方ないかもしれません。

自分の頭で考えて自立した人間になるためには男性性を育てるのも大切なことですが、身体や心のケアをせずにいると、病気や怪我という事象を通じ、どこからかストップがかかります。そうしたとき、宇宙からのお休みの合図と受けとめられるといいなと思います。そこで「活動しなければいけない」と不安になるなら、宇宙のフローに乗っていないのかもしれません。くたびれた自分を無理に奮い立たせるのは、宇宙の調和を乱すもと。せっかく春になったと思っても、また寒い日もあるように、星のめぐりも、季節も、人生も、ゆっくりと進むのが自然なのだと受け入れられると楽になります。

この自然のリズムに同調し、「がんばらなくても、ありのままの自分で価値がある」というのが女性性です。星で言えば、月や金星にも通じるエネルギーですが、金星が健全なら、自分の価値に疑いを持つことなく、ありのままの自分を大好きになれるでしょう。また、成熟した女性性とは母性にも通じます。大地の子どもたちである人間がどんなに悪さをしても地球が受け入れてくれたように、女性である私たちも、今回の人生で最終的にものにしたいのはこの母性のエネルギーなのかもしれません。

この後は、年代ごとに星のレッスンを整理してみました。星という象徴があるだけで、人生が俯瞰しやすくなると思います。そして実際、男性性と女性性のバランスを意識すると、思わぬ道が開ける方が多いのです。男性性に寄りすぎ、過活動に陥っているときは月や金星を意識する。女性性に寄りすぎて、依存心が強くなっているときには太陽や火星を意識する。そんな風に星を意識することが星を育てる第一歩だと思います。

また自分の太陽や月がある星座の守護星は、その人にとって使いやすいので、その天体ばかりに意識が偏ってしまうこともあります。おひつじ座なら火星、おうし座なら金星、ふたご座なら水星ばかりを使ってしまうのです。ひとつやふたつの星にだけ頼っていると苦しくなるので、ホロスコープにある天体すべてを意識するようにしてみてください。

レッスン1でお話ししたように、ゾディアックでは男性星座と女性星座が交互に配されています。これは要するに陰陽のエネルギーです。太陽は、毎月、男性星座と女性星座を進んでいくわけですから、天体もゾディアックをめぐりながら、男性性と女性性のバランスを取るのだと思います。月や金星は女性性に寄った天体。太陽や火星は男性性に寄った天体です。女性性に寄りすぎても、男性性に寄りぎてもバランスが悪いので、男性星座と女性星座を交互にめぐりながら、天体の陰陽のバランスを調整しているのではないでしょうか。息を吸ったら吐くように、陽の男性星座のひと月に働きかけをして、陰の女性星座のひと月は少し休んで受け取ることを意識する……きっとそれだけでも、あなたの心のバランスは取れてくるはずです。24時間、自動販売機に電気がついていたり、コンビニが営業していたりするのは、つねに明るく外向的で、落ち込むこともないという陽のエネルギーに寄りすぎていますね。「企業はつねに成長しなければいけない」というのも、陽に寄りすぎた考え方。業績の伸び悩む会社も、個人と同じで、実は「休み」が足りないのかもしれません。がんばりすぎたら休む。当たり前のことではありますが、心が幸せを感じるにはとても大切なこと。がんばりやさんの日本人はみんな休むことなく、走りすぎたのかもしれないなと思います。

20代のレッスン

20代の女性は、金星意識が強い年代です。
受け身の自分から、自主的に動ける太陽の自分へ。
転換を図ることが充実した30代を迎えるためには大切です。
ここからは、少しリアルに地上に持ち込まれた星の影響をお話しします。

月の感情のバランスを取る

年齢域のモデルでは、月の感情が発達するのは7歳までの子ども時代とされています。月はゾディアックを年に13回もめぐるのですから、本当は20代までに月という感情のバランスが取れているのが理想です。誰でもショックを受けることはありますが、へこんでもすぐ戻るボールのように、落ち込みっぱなしにならない自分になることが大切なのです。

でも、20代の女性でも、月が健全でないことはよくあります。いわゆるインナーチャイルド（内なる子ども）が月に現れているのです。たとえば、生まれたときのホロスコープで、土星や冥王星とコンジャンクション（合）の月の感情は大人によって傷つけられ、プレッシャーを受けていることがよくあります。大人の条件づけによって、「がんばらなければ、愛されない」ように思っているのかもしれませんし、逆に大切にされすぎて、「自分で自分を愛する」という感情の力が育っていないのかもしれません。そうかと言って、大人が自分のなかの月を急激に開放してもバランスが崩れ、暴走してしまうこともあります。生の感情をぶつければ、社会では上手くいかないのは当たり前ですね。大切なのは感情の自然なバランスが取れていること。月という子どもの自分を本当の自分のように思わないこと。本当の自分は、天体を統合したなかにあります。

この章に続く「プラネット・レッスン」のところでも触れますが、月のサイクルを意識すること、がんばり続けずに休むこと。頭で判断しようとせずに、自分の感情や心に目を向けてあげることなどが大切だと思います。

頭でっかちになっていない？

年齢域のモデルでは、水星は義務教育中におもに発達する天体とされています。水星が社会や地域のなかで揉まれると、読書やコミュニケーションが得意で、本当の知恵もある「知性」となるでしょう。でも、それが本やコンピュータだけで得た知識だけだと、本ものの水星とは言えず、勉強はできても社会で役に立たない秀才になってしまうかもしれません。都市部にいると、知っているのは東京だけ、向き合うのはコンピュータだけ。家族には子どものようにわがまま放題でも生きられるからです。社会である程度の地位にある人でも、学校の勉強や答弁は得意でも、心がないという人はいくらでもいますが、これはゆがんだ水星意識の持ち主。要は、「頭でっかち」なのです。

ハートの望みで行動すれば上手くいくのに、わざわざこねくりまわしてむずかしくしてしまうのが水星型の女の子です。「アタマ力」が強いのですね。行き先はハートで決めて、次に方法を頭で考えることが大切ですが、水星型の人は順番が違うのです。リーディングでも今の状態をお尋ねすると、こうするべきだろうか、ああするべきだろうかという問いだけが宙に浮かんでいることがあります。「仕事も行き詰まっていて、辞めようかどうかと」「海外で暮らすことへの憧れもありますし、いっそ実行しようかと」「クリエイティヴな仕事をしてみたいと思うことも」とさまざまな言葉が口をついてきますが、こうやって思考の堂々めぐりに落ち込んでいるときの言葉は、たいてい誰でも言うようなこと。社会や両親からのインプットなので、その人のハートの望みは見えてきません。時間をかけて聞くうちにやっと「実は好きな人がいるのですが、相手のいる人で」という最初のご相談とまったく違う本音が出てきたりします。それが実現できないことでも、自分のハートに蓋はしないこと。いやだと思うような自分も認めて、許してあげることです。

太陽という自分らしさを探す

年齢域のモデルでは、金星意識が発達する時代は15〜24歳とされますが、この年代の女の子が若さにあふれ、何をやっても楽しいのは、星で語らなくても想像がつきますね。昔から「箸が転んでもおかしい年頃」などと表現されてきましたが、受け身でいても愛され、可愛がられるという蝶々のような時代です。

金星は、「可愛いものが大好き」「楽しいことをしたい」という「女子力」。金星のエネルギーが強い人は、「女子度」が高いわけです。金星の後、25〜34歳が太陽の時代とされますが、「大人女子」「大人可愛い」などの言葉もあるように、現代では20代後半から30代になっても、金星意識でいる女性は多いのです。いくつになっても可愛いものが大好きで楽しんでいたいという気持ちはよくわかりますが、みずみずしい金星意識は保ちながらも、太陽の自主性を開発することが20代後半のレッスンです。

20代後半をなんとなく過ごしてしまうと、30代後半から40代になって後悔することはよくあります。太陽をはじめ自分で引き受けなかった天体は、心のなかから消えることはありません。「選べたかもしれないけれど、選ばなかった人生」「勇気がなくて飛び込めないまま、やらなかった人生」の残像として、いつまでもそこにあるので、20代はさまざまなことに挑戦したほうがいいと思います。

近すぎない目標で、火星の行動力を

金星の「好き」はハッキリあるし、太陽のやりたいこともぼんやり見えている。でも、行動に移せないという人は、火星の行動力を育てるレッスンが待っています。火星は目標と達成、パワーを好む「男子力」。金星は受け身なので、この火星と上手くつながると「女子力」も伸びるのです。

火星が育っていない人のご相談に多いのは、「海外で生活してみたい、留学してみたい」と思いながら、実行に移せないまま、何年も過ぎてしまうようなケースです。本当は、小さなうちから火星を育てていることが大切なのですが、こうした女性は大事に育てられたために、外の世界に潜在的な恐怖感があるようです。仕事も、専門職や事務職を選ぶことが多いので、人との出会いが少なく、生活が変わらない。そのため、頭ではわかっていてもなかなか動けないようです。

やりたいことがあるのに「失敗したらどうしよう」とぐずぐずしている段階は、少なくともやりたいことを探す必要はない。ハートの声は聴けているので、小さなことから始めるので十分です。

たとえば、東京以外の土地では、大事に育てられ、ひとり旅などしたことがないという女性にもよくお会いします。海外留学が夢だと言いながら、関西から沖縄へのひとり旅を躊躇してしまうとしたら、海外留学というハードルは本人に負荷がかかりすぎます。こうした方には国内の安全な場所を旅先に選び、少しずつ世界を広げる練習をしてはどうかと提案しています。

もちろん、ハードルは低すぎても効果がありません。たとえば、彼もいない、女友達もつかまらない夏休みに「ひとり旅をしてみよう」と決めたとします。お金を払っておしきせのツアーに参加したところで、楽しい思い出は増えても、自分自身が変わったという実感は得られないもの。一方、英語はそんなにできなくても、スピリチュアリティに関心があるからと、海外のホリスティックなリトリートに行くために自分で手配もすれば、近すぎず、遠すぎない目標として火星を育てられます。年にひとつでもいいので、少しずつリスクを取って、「今年はこれをした」と言えるようにしてみてください。どこにでもひとりで飛んでいけるような行動力が手に入ると、人生後半がとても楽しくなります。

成長に欠かせない土星のレッスン

金星で「好き」と感じたことを楽しんでやっているうちに、太陽というやりたいことが発生する。この流れを支えるのは、日々のくり返しという土星の力です。一流の方に取材でお会いすると感じることですが、こうした方は土星と上手くつきあい、自分が続けてきたものに自信があります。それと同時にとても謙虚です。やりたいことに献身していたら、プロフェッショナルに。さらに年数を経て権威になってしまっただけだからでしょう。

その道が好きでやっている人は、携わっていることを自己証明の手段のようには考えませんし、その道の神さまにも愛されるので、たくさんのチャンスがやってきます。愛したものがパンでも、建築でも、映画でも同じです。また、身体のエイジングにはさからえませんが、本ものの土星の力は年とともに衰えてしまう金星力と違い、内側からあなたを支えてくれます。いくつになっても可愛くいる鍵は本ものの土星の力にあります。

その反面、形骸化した本ものでない土星は、やらなければいけない「役割」になってしまい、頑なな印象をもたらします。プロフェッショナルとしての役割意識に縛られてしまうと、太陽は本ものでない土星のために燃えることとなり、キャンドルのように燃え尽きてしまうのです。たとえば、カメラマンや作家などという職業は、クリエイティヴな反面、土星の努力による技術力が欠かせませんが、一朝一夕に生まれるものではないので、プロとしてのこうあらねばならないという規範意識が創造性をなくしてしまうこともあります。「本当はこちらが素敵だと感じるけど、会社や社会の要請はあちらだから」「つまらない仕事のようだけど、社会には必要なのだから」と商業ベースに寄りすぎても、しだいに太陽の喜びの火は消えてしまうのですね。本ものでない土星や太陽を生きているときは、女性でも権威的なおじさんのような雰囲気になってしまいます。仕事に取り込まれて役割をアイデンティティにしないことが大切です。

男性的な天体は、仕事で育つ

太陽系の天体は、古代から神々になぞらえられます。星まわりを意識してフローに乗るのも大切ですが、いくら「新月のお願いごと」や「引き寄せの法則」を意識したところでやるのは自分自身。チャンスが来たときに、火星や土星の力が育っていないと何も生み出すことはできない。宇宙からのギフトが大きすぎても戸惑ってしまうのです。

火星力や土星力を育てるには、仕事をすることが早道だと思います。火星力というのは、目標に向かって、自分から起きていくこと、奮起する力です。「自分から働きかける力」「自発力」と言ったらいいかもしれません。土星は、「同じことをくり返す力」なので、日々、自分の職能を積み上げることで磨かれます。火星と土星が結びつくと、段取りよく進行し、イベントに向けて構築する能力になります。

編集の仕事をしてきてよかったなと思うのは、目的に向かって仕事をすることで火星力が磨かれたこと。一方、現在のような連載の執筆では、土星力が磨かれるのを感じます。仕事にするには自己満足で終わるのではなく、社会に役立つレベルに高めて奉仕する精神が大切です。仕事上で月や金星が強すぎると甘えが出ますし、太陽が強すぎても届け先が見えていないためになかなか結果が出ないもの。星が育たないかぎり、子どもが社会に出ているような状態なので、遅かれ早かれ壁にぶつかることになります。人間関係に厳しさがなくなった今、この挫折経験は仕事でないとなかなか味わえない。仕事をしているだけで、自分のなかにある原石のような星たちが磨かれます。役割にハマりすぎず、上手くつきあうことで、スムーズに星の力が育てられるのです。

「お金をもらわないと仕事ではない」と考える方もいますが、たとえば、母親業も社会になくてはならない仕事です。思いどおりにならないことに仕えることで魂が磨かれるという意味では外で働くのと同じことです。子どもが一瞬で育つことがないのと同じように、仕事を育てるのも気の長い作業です。最近は、合理的にインスタントにやるのがいいという風潮がありますが、本気で仕事をすれば、そう簡単にはいかないとわかるもの。やりたいことがあるときに、自分の実力が十分でないと見極め、「やりたいこと」に「やれること」を近づけるべく努力するのは、本来とても楽しいこと。苦しい時期があっても、完成度が上がるのは喜びです。早く頂上につきたいと焦るだけなら、本当に好きなことではなく、自信のなさから、自己証明のために仕事を利用しているのかもしれません。「仕事は社会への愛である」というのはイラストレーターの長沢節さんの『大人の女が美しい』（草思社）のなかの言葉ですが、どんなに目立たない小さなことでも、心のこもった仕事をする人は、社会に対して愛を実戦している素敵な人だと思います。

金星を卒業するための土星の洗礼

29〜31歳頃に迎える大きなトランジットが土星回帰です。生まれたときの土星に今の土星がやってくる占星術上の大イベントです。土星は、約29年半でゾディアックを一周するので、誰にとっても30歳前後にやってきます。「逆行」期間や前後の星座を行き来する期間まで含めると、3、4年にわたることがあり、精神的に鍛えられることになります。

金星に火星が連動して、「女子力」が強くなってくると、20代はとても楽しいもの。土星の洗礼を受ける直前、少し仕事ができるようになった女の子たちは、すっかり一人前のつもりでいます。若さから来る傲慢さも、この年代ならまだ許されます。そして、「愛されて当然」「もっと評価されて当然」「認められたい」という具合に、金星意識のまま太陽に憧れているのですね。

土星回帰は、親や社会によって培われた、あなたのなかにある土星のフレームや価値観が大人になった自分に合っているのかどうか、土星が点検するレッスンです。ここで自分にできること、できないことがふるいにかけられると、太陽というやりたいことや目的意識が明確になります。鉄道のジャンクションのようなポイントなので、30代からは土星回帰でコミットし、選択した方向に進んでいきます。ここで求められるのは、金星意識のままの自分を卒業すること。太陽を開発するとともに土星から逃げないことが求められる、大人になるための意識のシフトの時期なのです。

20代の土星は借りもの？

土星回帰以前の土星は、まだゾディアックをすべて経験していないので、あなた自身のものになっていません。両親や社会からダウンロードしただけの借りものであることが多いのです。自分で選んだ感覚もないまま、取り込んでいるのが普通です。30年かけて作り上げた「大人とは何か」という価値観のプログラミングを点検する時期なのです。今のあなたにふさわしいものもあれば、ゆがんだ価値観もあるでしょう。ワーキングメモリーを「断捨離」する必要があります。

子ども時代を振り返ってみてください。「知らない人について行ってはいけない」「刃物や火を扱うときには気をつけなさい」などから始まって、土星のプログラミングは、子どもの頃のあなたを守るものでもありました。しだいに、大人のやっていることを見ながら、「大人になるって、こうかな、ああかな」と考えることになります。「幼稚園の先生になりたい」「花屋さんになりたい」などというのも、子どもが好きとか、花が好きとか自覚しているわけではなく、周囲の大人を見てなんとなく憧れていることがほとんどです。

小学校に入学するときは4分の1、中学を卒業するときで2分の1、大学卒業でも、だいたい4分の3しか土星のサイクルを経験できません。今の社会のあり方では4分の3のサイクルで将来を決めるしかないわけですし、誰かがやっている「型」を見て目標にするのも子どもの頃は役に立ちます。ただ、子どもの頃にできた「型」は、土星回帰を迎える頃には古くなりすぎていることが多いのです。洗濯機などと一緒で、モデルチェンジが必要になるのです。

両親や社会に言われるまま、かりそめの土星意識で、「こんなものだろう」と進路を決めてしまうと、30歳くらいで土星がものになったとき、「自分が求めていたのは、こんな人生じゃなかった」「なりたかったのは、こういう大人じゃなかった」とがっかりするでしょう。まじめな人ほど失敗を避けて優等生で生きてきたので、土星回帰で自分探しという太陽探しをすることになります。

土星は先祖代々、その土地に根づいた価値観でもあるので、社会が揺るぎないものであった時代には誰もが生きるのに必死で、そんな悠長なことは言っていられなかったかもしれません。でも、今の時代はかりそめの土星は越えていかないと、年を重ねるごとに心の満足が得られなくなるのは本当のことです。「人生は何歳からでも変えられる」と言っても、30歳で怖いものは、40歳、50歳になったら、もっと怖くなるもの。よく言われることですが、過去を見れば、今日が一番年を取っていると思っても、未来を見たら今日が一番若い。もしあなたがつらい土星回帰の時期を過ごしているなら、失敗したとしてもまだ挽回できることの時期に、勇気を出してやりたいことに踏み出してほしいと思います。

土星回帰で親とぶつかりやすいのは

土星回帰で、親の価値観と自分のハートの望みの間で揺れるのは本当によくあることです。両親の価値観から生まれる「こうしなさい」「こうでなければいけない」という土星の達成の形と、自分のハートの望みが違うからです。両親が望む方向へ行かないと愛されないかもしれないと、潜在意識の声がささやくのかもしれません。

「しなければいけない」と思い込んでいる信条には、親の価値観がそのまま現れていることがよくあります。もしあなたが「いい仕事とは、大きな会社に勤めることだ」と思い込んでいるなら、親が上場企業のサラリーマンなのかもしれません。あるいは、自営業で苦労されたご両親から、「大きな会社に入りなさい」と言われて育ったのかもしれません。愛情から出たことでも、あなたの両親の土星意識は、彼ら自身の土星回帰までに培われたことがほとんど。その後は生活や子育てに追われ、自分で選択した土星意識に書き換える暇などなかったのも親世代の現実です。

30年前の土星の常識で若者をコントロールしようとするのは無理がある。それはきっと、ご両親もわかってはいるのですが、子どもを愛するあまり、自分の育て方が悪くて不幸にしてしまったらどうしようと混乱しているのです。あなたが今、土星回帰の嵐のなかでご両親とぶつかっているのなら、自分自身のハートを信じることがとても大切です。今からでもいいので、あなた自身のものと言える太陽や土星意識を育てていきましょう。両親の価値観のなかでも、大人になったあなたが好ましいと思うものは意識的に選択し直せばいいのです。

親というものはあなたが幸せで、笑顔でいてくれればそれでいいのですから、本当にありがたいものです。土星回帰とは、両親の価値観のなかでも不要なものとは決別しても、ここまで育ててくれた両親の愛情を知り、ありのままの彼らを受け入れることでもあります。自分の人生の責任を両親や社会などの外的な環境のせいにしないこと。精神的な自立のためのレッスンです。

土星回帰の失恋は、目覚まし時計

土星回帰の時期によくあるもうひとつのこと。それは、あなたの太陽や土星のイメージを投影した年上の素敵な人と出会うことです。でも、たいていの場合、その人は一瞬だけ人生に登場し、その後は永久に去ってしまうのです。なぜなら、その人はあなたの人生の「目覚まし時計」だから。「目覚まし時計さん」は、ひそかに「こうありたい」と思うような憧れの世界をのぞかせてくれる魅力的な人でないといけません。そのため、別れた後でもずっとひきずってしまうのです。

土星回帰世代のリーディングではとても多いのですが、「目覚まし時計」と教えてあげるととても楽になるようです。よく覚えているのは、デザイン事務所で事務のアルバイトをしていた女の子。一時つきあっていたデザイナーが忘れられないとぽろぽろと涙をこぼすのですが、よく話を聞くと、その裏には彼女自身のデザインの仕事への憧れがありました。「自分には無理」と決めて蓋をしていた願い。つまり土星のシャドウを彼に投影していたのです。彼女に必要なのは、自分でデザインの勉強をすることでした。

土星回帰中の女の子は、自分なりに太陽や土星を模索しながらも誰かに頼りたい金星意識のまま。太陽や土星意識をものにしている男性にとっては依存されることとなり、別れてしまうのでしょう。土星回帰を目前に体調を崩し、不安のなかで外国人の彼とつきあったものの、すぐに別れてしまったという女の子もいました。「目覚まし時計」の話をしたところ、彼女はすぐに、「海外で生活して自分の世界を広げることに憧れていたので、彼にとっては外国である東京で、自由に生きている姿が素敵に見えたのですね」と納得してくれました。その後、留学するという夢を叶えたがんばりやさんの彼女。この本が出る頃には海外に飛んでいるはずです。

「目覚まし時計さん」の役割は、あなたの魂に気づきをもたらすこと。一種のソウルメイトなので、出会うだけでも意味があった人です。好きな人に頼ってひっぱり上げてもらうのではなく、自分の力でがんばったほうが後で崩れないもの。今、土星回帰で苦しんでいる人は、あなたらしいペースでいいのだと知ってほしいなと思います。

甘やかしてくれる人は土星のワナ？

土星回帰の出会いの2つめのパターンは、月や金星のあなたを甘やかしてくれる存在です。この手の男性はあなたを手放したくないので、まるでお父さんか、おじいちゃんのようにワガママを聞いてくれます。土星回帰でつらい思いをしているときに、太陽や土星を引き受けてたっぷりと甘やかしてくれるので、安心して結婚に至ることも多いのですが、実はそれが誘惑の甘い罠かもしれません。巣から飛び立たせないようにあなたをやんわりとコントロールすることもあります。

こういう人と一緒になると、後々、物足りなさを感じるよう。自分らしく生きたいと願うワーキング・ガールには、もうちょっと手応えのある男性でないとむずかしいかもしれません。このパターンでは、現れた男性に土星を預けてしまっています。これまで親がやってくれていたものを預け直しただけだと、人生の後半戦でツケがやってきます。上司や夫という寄りかかるものがあって、全体をハンドリングしてくれていた。自分は一部だけをやればいいというなかで人生の大半を過ごしてしまうと、必要に迫られても、ひとりで動くことができなくなります。

「自分らしく生きたい、燃え立たせたい」という太陽の欲求は、やらないでいると、大人として節度がない衝動やフラストレーションとして現れます。太陽という自分のなかにある燃料に火をつけて燃やしておかないと、人生で何もしなかったような気がして後悔にさいなまれることになるかもしれません。土星回帰の苦しみはむしろギフトということもあるのです。

どうする？　結婚

男女の縁が結ばれるのは素敵なことですが、土星回帰の焦りから相手を探すと、自分に合わない「藁《わら》」をつかみやすいよう。「もう30なんだし落ち着かないと」「結婚したほうがいいのかな」という声が聞こえてきたら要注意。脅かすわけではありませんが、焦って結婚すると、後で離婚に至ることがけっこうあるのです。この年代の女の子のリーディングをしていると、憧れの「目覚まし時計さん」と甘やかしてくれる「おじいちゃん」の両方が現れ、その間で迷うことが本当によくあります。これは転職でもそうですが、AとBからオファーがあり、2つの選択肢の間で迷うときはCが待っていることが多いのです。C

さんの出現に至るまでには時間がかかることもあるので、土星回帰で、「自分らしく仕事をする」というワーキング・ガールの人生を選んだら、土星回帰の30歳前後から30代前半にかけては、ひとりで過ごすことも多いようです。

土星回帰は社会の大勢に寄った生き方をするのかどうか、コミットメントのタイミングです。自分のハートに従い、大勢と違う選択をするには自分なりの冒険がつきものです。現代社会は多数派に向けて作られているので、居心地の悪さも感じるかもしれない。社会の王道でがんばっている人から見たら、わがままとも思われるかもしれない。それでも、私を生きることがやめられないなら、後まわしにしなければならないものも当然出てきます。やり甲斐のある仕事も、素敵なパートナーとの関係も時間をかけて作るもの。理想が高い人ほど、30代前半では思い通りのものが手に入らなくても仕方がないものです。この頃に揺らぐ女の子というのは、これまでご両親に大切に育てられてきたので、精神的な自立はまだこれから。逆に言えば、「伸びしろ」があるのです。もっと若いときの「好き」という金星で結ばれた結婚は、「同じペースで成長していこうね」という約束ですが、大人女子にとっての結婚は、「私の人生はこれでいきます」というコミットメント。その後に引き受ける役割も大きくなるので、自分らしく生きたいワーキング・ガールにとって、自分の人生に納得できたときが一番の結婚のタイミングです。たとえば、最近では、大島さと子さんが53歳で結婚されました。土星回帰を過ぎた「大人婚」は、素敵な女性でも遅くなることがあるのは覚えておきましょうね。

冒険する？　しない？

土星回帰の頃、太陽を燃やしていないという後悔から、「このままではいやだ」という気持ちが湧いてくることはよくあります。適当な人と結婚して、福利厚生のしっかりした会社で定年までお勤めして……安全に生きることを頭ではいいと思っても、自分には向かないかもしれないと気づいたとき、今の場所を離れて、冒険に踏み出すかどうかの選択のタイミングがやってきます。孤独も、寂しさもあるだろうし、自分の夢がぜんぶ実現するとはかぎらない。覚悟は必要なのですが、もし自分の本質が「冒険」にあるなら、結局はそちらに踏み出すのが自分のためになります。

20代にフレンチでソムリエとして働いてきて、土星回帰の後でフランスへ留学。現在は、ブリュッセルの三ツ星レストランでひとりがんばっている女の子。いったんは故郷での公務員生活を選択したものの、向かないことを悟って、アメリカ留学を決断した女の子もいます。留学だけで人生が変わることはありませんが、後で説明する天王星意識の強いタイプにとって、周囲に合わせて生きるだけが幸せではないからです。

冒険をしないとしても、自分がその土地や会社を選んだという「選択の感覚」を持つことが必要です。なんとなく流されてしまうと後悔が生まれるものです。たとえば、はじめは長く働くつもりなどなく入った会社であっても、土星回帰の頃、仕事に本腰を入れ始める女の子も多いのです。一般事務に携わっていたのが営業職に進む、経理の仕事を入り口に税務の知識を学び始めるなど、40代でいい仕事をしている女性たちはみなこの頃、コミットしたようです。

どこで生きて、どこに根を生やすのかを決意するのが土星回帰のタイミング。選んだ場所での生活のために何でもすることが求められるのです。「自分で決める」とはまた両親の価値観から離れることでもあります。楽にできるのは、両親がやったところまで。土星回帰で、両親とは違う人生を選ぶと、お手本がないので苦労もあります。たとえば、両親が上場企業に勤めていたら、フリーランスとして生きるのはチャレンジになるものです。両親からのリレーのなかにいて、そのバトンを受け継いでいる。実現にはまだ時間がかかるかもしれないと余裕を持てると楽になるでしょう。

土星回帰・私の場合

私にとっても土星回帰はとても大きな転機でした。まず土星回帰直前の2000年に、土星のレッスンを学ぶためのように中規模出版社の正社員になりました。今、考えるとよくわかるのですが、編集部や販売部の体制がしっかりしていること、残業代やボーナス、福利厚生も含めた条件面を考慮し、頭で決めたところがありました。いかにも土星回帰らしい頭でっかちな選択です。

この会社の創立記念日の太陽は、私の生まれたときの土星があるふたご座にあり、「広く、わかりやすく伝えなければいけない」というふたご座の土星の性質を体現していました。この会社に土星意識を投影しているとは知らずに飛び込んでいたわけです。

「大部数の雑誌がどう作られているか知りたい」という願いは満たされ、学んだことは大きかったと思います。でも、ここで魂の闇夜を迎えました。ハートと逆方向に走っていったのだから当然ですが、頭で考えた条件はクリアしていても、自分のエネルギーとは合わないことに気づいてしまいました。土星回帰が終わる半年ほど前のことですが、「ここで40歳になる」と考えたらまったくイメージできなかったときに退社を決意しました。

辞めたことを後悔したことはないのですが、30代前半は、大好きだった編集の仕事を離れたことでアイデンティティを失ったようになっていました。幸いライターとしてもお仕事はたくさんいただけて、フリーランスとしては順調でしたが、数年はもがいていた気がします。土星回帰の前に踏み出していたら、もっと楽に流れに乗れたかもしれません。でも、それまでの「頭でっかち」な自分を壊すためにはこの経験が必要でした。痛くないと学びにならず、何度もくり返してしまうから、今では感謝できる気分です。

30代前半のレッスン

30代前半は、土星回帰の後で自分を立て直す年代。
太陽や土星と向き合い、コツコツ育てることで、
30代後半の充実に結びつきます。
まずは、30代前半から半ばまでのレッスンを挙げてみます。

土星回帰の後で

惑星の発達モデルでは30代前半は太陽の年齢域ですが、土星回帰をはさんでいるので、20代にいったん見つけたと思った太陽も揺らいでしまい、自信がなくなることがよくあります。「大人になるとは何か」という価値観そのものがぐらぐらしているから大変です。

そうした揺らぎのなかにある人におすすめしているのは、自分の本質とつながる時間を作ること。太陽を外に探すのではなく、自分の内側に降りていくことです。小さなときに好きだったことを思い出したり、嫌いだと感じるものを掘り起こしたり……自分を見つめ

る作業がこの頃、とても大切になります。それとともに、新しい情報をインプットすることも勧めています。土星回帰の後、多くの人が立ちどまってしまうのは、自分自身がリセットされてしまい、からっぽになったように感じているからです。そこに社会で正しいとされている価値観、そのときのトレンドになっている価値観を上書きするのでは20代までと変わりません。手っ取り早く、人の「おはなし」を持ってくるのでなく、中学生や高校生に戻ったつもりで、自分が好きなことをあれこれダウンロードする時間を作ってみてくださいね。新しい自分になるための情報収集の時間には、行動を焦らなくてもいいのです。ただ楽しんで、リラックスしていればいい。雑誌の編集で言えば、ロケハン（ロケーション・ハンティング）の時間。何を取材するか決める前に、実際に街を歩いたり、ほかの雑誌を研究したりとあれこれ探索する時間です。大人の人生にも、そんな時間があってもいいと思います。

どちら側を選んでも、不安は変わらない

30代前半は、角田光代さんの『対岸の彼女』のように、あちらを選んでも、こちらを選んでも、実はそう変わりない。仕事でも上司の手を完全に離れるのはまだ怖いし、プライベートでも誰かに頼りたい気持ちがある。金星意識がなかなか抜けきらない年代です。私

も取材ライターとして過ごしていたこの年代に、若奥さま向けの雑誌も、シングル向けの雑誌も両方、関わっていたことがあります。それぞれの選択のメリット・デメリットを、読みもの取材を通じて感じていました。

結婚すれば、幸せと退屈、シングルでいれば、自由と孤独が隣り合わせているところがあるように感じました。結婚と仕事の両方を手に入れて、幸せなライフスタイルを誌面で見せている人たちも、いろいろと悩んでいるのを見聞きしました。「自分らしさ」が確立していない30代前半までは、それが普通なのだと思います。今、あなたがこの年代なら、「あちら側」を選んだら幸せなんだろうかとか、雑誌に出ているライフスタイルを真似たらいいんだろうかとか、考えすぎないこと。ゾディアックをめぐる星たちは贔屓《ひいき》をしないので、同年代の人と比べることなく自分に正直に生きていれば、あなたなりの輝く場所が必ず与えられるはずです。結婚しても、シングルで仕事をしていても、土星という「日々、同じことを続ける力」を磨き、大人になることが求められている年代なのです。

自信がないことを隠さない

あるとき気づいたことですが、「デキるフリ」と言うのでしょうか。土星回帰の後の年代では自信がない人ほどメイクが濃くなったり、物腰や言葉がきつくなったりする傾向がありました。そうした人の仮面の下には大抵、小さなときに傷ついたままのインナーチャイルドが隠れているのです。職場でも「デキるフリ」に必死なあまり、肝心の仕事がおろそかになっているようでした。自分が「どう見えるか」にエネルギーを使ってしまい、仕事にエネルギーがまわらないのです。そのため精神的に調子を崩しやすくなってしまうのでしょう。社会のなかでペルソナをつけるのは仕方ないとしても、まったく違う自分を見せなくてはいけないような職場は、そもそも合っていないのかもしれません。ピンチはチャンスということもあります。自分の心の癖を観察して、早めに手当てをできるといいですね。

こんなことを書いている私にも覚えがあって、この年代に何を着たらいいのか、まったくわからなくなったことがありました。20代とは体型も、似合うものも変わってくる。その上、自分に自信がないから、似合わない服を買っていました。無意識に、「デキるフリ」をしていたのかもしれません。ファッションはその人らしさを外に表現するものですが、自分のことがよくわからないときにいくらトレンドのものを買っても「何か違う……」となる。季節が変わると、クロゼットを見まわして溜め息をつくことになるわけです。自分を見失っていたとき、その心情のままに、私のクロゼットにはグレーや黒のプリーツスカートやニットばかりが並んでいる時期がありました。その上、「去年のこの時期、何を着ていたかな」と頭をめぐらしても思い出せないのです。

このときの私は思い切って、1シーズン、服を買うのをやめました。着た切り雀で過ごしても、自分のハートの声が聴こえてくるまで待ったのです。その後は、別段おしゃれというのでなくても、「着る」ことをまた楽しめるようになりました。いつのまにか「フリ」が上手になっていることに気づいたら、自分に嘘をつくのだけでもやめてみませんか。心のなかだけでも「いや」と認められると楽になることは多いのです。そして、「デキない自分」も認めて、デキるところからまた始めればいいのです。

太陽の創造性を生きる

自分自身を振り返っても、周囲のワーキング・ガールを見ていても、30代前半までは、太陽意識に向かって、金星意識のまま飛びはねているようなところがあります。意識の上では一人前のつもりでもまだ自分で思うほど実力がないので、素敵だなと思う年上の人に対して、「ひっぱり上げてほしい」と触手を伸ばしているところがあります。他者に太陽や土星を投影しながら、自分の業績を挙げたいというのが未熟な金星意識の特徴です。仕事をがんばっているこの年代のワーキング・ガールが陥りやすいワナでもありますね。

認められたいと焦るより、単調であっても日々の仕事をくり返し、土星の力をつけるのがこの年代に必要なテーマです。一方、太陽を意識して育ててきた人がものになってくるのは、30代半ばくらいが平均的でしょうか。土星回帰の後の揺らぎをなんとか立て直してきて、自分らしさが確立されてきます。こうした人は占星術を知らなくても、自然と天体のトランジットの天体にもシンクロし、内側から自然な輝きを放っています。「オーラのある人」とよく表現しますが、サイキックのように紫や緑のオーラが見えなくても、太陽の輝きをみんな感じ取っているのです。

たとえば、旭川で「上野ファーム」という素敵なガーデンを作っている知人がいます。以前、取材で知り合った方にお嫁さんとして紹介されたのが彼女。インターンシップ制度を利用し、イギリスで勉強した後、実家の農地を利用して家族でガーデンを作り始めました。庭が花で埋め尽くされたある日、脚本家の倉本聰さんが彼女の庭にやってきて、富良野のプリンスホテルの庭を作ることになりました。それが「風のガーデン」という大ヒット・ドラマにつながったのです。

旭川の大自然のなかで育ち、自然な色彩感覚を身につけていた彼女。絵を描くのも大好きで、彼女にとっての庭はきっと植物で作品を作り上げるようなものだったのでしょう。大好きな旭川に人を呼びたいという一心で仕事をするうちに、たくさんの人が惹き寄せられてきたのです。「田舎に庭を作り、人を呼ぶ」という方法論だけを商売で真似する人がいても、彼女のように土地や家族への愛情がなければ、上手くいくことはないでしょう。

旭川の長い冬の間に土や苗を作り、来年の春や夏の展開をじっくり考える。そのくり返しは彼女の土地への愛なのです。人を感動させるのは、いつでもそこにある愛と物語であることを彼女の太陽物語は教えてくれます。

リーディングにいらしたある女性の太陽物語も素敵でした。彼女は、結婚生活にも、仕事にも理由のない停滞を感じるという漠然とした動機でいらしたのですが、お話ししているうちに、趣味で始めた絵をパリのコンクールにいつか出してみたいというハートの望みにたどり着きました。たまたま2か月後にいい星まわりがあったので伝えると、「もっと先のつもりだった」と驚かれていましたが、「今年の締め切りがちょうどその頃なので、やるだけやってみます」と答えてくれました。その後、本当に入選し、夫も応援してくれて夫婦でパリに行けることになったと報告がありました。太陽の創造性の目詰まりがなくなると、人生のすべてが芋づる式に昇華されてしまう例として、よく覚えています。

甘えん坊の「金星ちゃん」は卒業！

太陽意識がしだいに実を結ぶ一方、20代のままの受け身の金星意識でいると、何かと問題が浮上してくるのも30代前半から半ばにかけて。たとえば、太陽や土星意識が育っている人は、どんなことでも、「自分でやるのが当然」とわきまえています。大人がものを頼むときは、「申し訳ありませんが、AというわけでひとりではできないのでBをやっていただけませんか」というお願いになります。一方、「やってもらうのが当然」というバランスの取れていない金星意識でいると、「私は、こんなに大変なのだから、わかってよ」「お金を払っているんだから、やってくれて当たり前でしょう」「どうして、愛してくれないの」という要求になってしまいます。黙っていても心のなかに期待があると、相手にもわかってしまうのが怖いところです。

人は助け合わないと生きていけないものですが、金星意識のままでいると、自分がしてほしいばかりで恋人とも女友達ともエネルギーが循環しないので、周囲から人がいなくなってしまうもの。「ありのままの自分」を他者に受け入れてほしいという気持ちが強すぎると、人間関係は破綻してしまうのです。金星意識が強すぎる人は、「大人になったら、お父さんやお母さんの代わりはいない」と受け入れられると状況が変わり、素敵な人間関係や仕事などギフトがいっぱいやってくるように思います。接着剤でべったりくっつくのではなく、細い糸くらいで結ばれているのがちょうどいい。いつも一緒にいなくても、ピアノ線のように強い絆が築けたら理想ですね。

金星という愛情が欲しいと触手を伸ばしているときは、結局のところ寂しいのです。でも、30代ともなるとプライドもあって、「寂しい」と言えないために事はややこしくなる。相手への要求にもなってしまうのです。手間がかかるのに素直じゃなくて、強気だなんて、可愛げがないと言われても仕方がないと思いませんか。家族や恋人、親友だって忙しいのですから、自分の心は自分でしっかり見て、寂しいときは自分からヘルプを出す。それが美しく年を重ねるには、とても大切だと思います。いくつになっても、わがままでもいいし、妥協しなくてもいい。でも、それは他人に求めないのが大人としての最低限のルール。わがままも寂しさも自分で引き受けるなら、いつまでも、あなたのなかの「ガール」を大切にすることができるのです。

COLUMN

太陽のレッスン　あなたの太陽を見つけるには

★「したい」と言う

自分が何をしたいのか口にしない方がたまにいます。こうした人にお会いするたび、両親や先生に可能性の芽を摘まれてしまったのかしらと思わされます。言葉には言霊があるので、「すべき」「しなければいけない」と話すことが多いなら、意識的に「したい」に変えるだけでも生活に変化が出るはず。あなたの内側から生まれてきた太陽、「したい」という意思は強い力を発揮します。本当にしたいことかどうかわからなくても、まずは言葉遣いを変えてみませんか。

★自分の名前で主体的に動く

〝やらされている〟感のあるうちは、太陽とは言えません。誰かの陰に隠れて文句を言うとか、力のある上司の陰にいるうちは、月や金星の状態です。上司の指示どおりに動くだけの状態から、主体的にプロジェクトを推進するようになった人は太陽を生きているのです。めんどうなことはすべて上司に引き受けてもらいながら、上司の悪口ばかり言うのは、あまり美しいことではありません。いざひとり立ちして、大きなプロジェクトをまかされるようになると、上司の気持ちがわかるようになるでしょう。楽しませてもらう側から、責任を持つ側へシフトするのが太陽のデビューです。ときどき、太陽をやるとは有名になることのように勘違いする人がいるのですが、太陽という活動をやっているうちに自然と名前が広がるもので、有名になることは結果にすぎません。もし、名を成したいと焦る気持ちがあるのなら、今、取り組んでいることは本当にやりたいことの代替であって、あなたの太陽ではないかもしれません。

★お金をもらわなくても、やっていること

本質とは大抵の場合、とても地味なことです。私自身、12歳から書いている日記の続きに今の仕事があると思っています。「物事にしるしを見出す」「日々の気づきを記録する」ことが私の本質だったわけですが、若い頃は、それがお金になるとは思いもしませんでした。昨年、はじめて本を書いたとき、ほとんど半年かかりましたが、揺らがない軸や喜びが生まれるのを感じました。ひとりひとりの本質は、おそらくとてもニッチなもの。枠にはまらないすきまが自分らしさなのです。ひとつの目安として、「お金をもらわないでもやっていること」に注目してみてください。

30代後半のレッスン

30代後半からは、エイジングと向き合うことに。
金星や太陽のバランスが取れてきて、
火星でやりたいことを打ちだせるのが理想です。

火星力をキーにもうひとがんばり

金星をアイデンティティにしなくなり、成熟した大人の女性に近づくのは30代後半から。この頃、鍵になるのが火星の意識です。惑星の発達モデルでも、35〜44歳が火星の年齢域に当てられています。女性性を象徴する金星に対し、火星は物事を推し進める男性性です。この年代で、金星という華やいだ女性らしさがなくなるのは自然の摂理です。でも、太陽や火星が育っていると、やりたいことが自由にできるので、エイジングの悩みにさほど左右されなくて済みます。

私の周囲では、土星回帰までに結婚を選んだ人は子育てで忙しくなるので、あまり変化はありませんが、そうでない人は、30代半ばで新しいことを始めた人ほど40代で伸びているようです。出版社を辞めて、専門分野のジャーナリストとして活躍している人。勤めていたサロンを辞めて独立した人。休職してロンドンに留学した人……。20代で選んだ太陽が自分の本質に近くはあったけれど、少しだけ違ったと土星回帰で気づいたとき、軌道修正することを怖れないでほしいと思います。もちろん、会社に残った人も新しいプロジェクトに手を挙げるなどチャレンジすれば開けていくものですが、この年代まで金星意識で来てしまい、火星が育っていないと心もとない思いをします。たとえば、「新しい土地に住みたい」「転職したい」と思っても、この年代まで行動力を育てていなければ、よく知っている土地を出て、イチから始めるのは怖くなってしまいます。けれど、土星回帰の後は、若い頃のように両親や社会のせいになどはできないもの。「誰のせいにもできない」、そのことがよくわかってくる頃です。

お金持ちのご主人と可愛い子どもたち。幸せな家庭なのに、なんだか満たされない……そんなアメリカのホームドラマにでも出てきそうな状況も、使われていない火星のせいかもしれません。太陽という自分の意思と火星での打ち出しは、仕事にできれば実利もあって一番いいのですが、お金をいただくレベルになるのがすぐにはむずかしければ、趣味でもボランティアでもいいと思います。太陽や火星を燃やすと、理由のわからないモヤモヤは消えていくはずです。

社会で十数年がんばってきた後の30代後半は、チャンスがやってきやすい年代でもあります。このとき尻込みせずに、太陽や火星の力で奮起するかどうかで、40代の輝きが違います。「そこまでやらなくても」「楽しくやっていられればいい」という金星意識で、この年代をなんとなく過ごしていると、40代になって周囲が着実に結果を出し始めると、焦ることになるかもしれません。ワーキング・ガールが長く自分らしく働けるワーキング・ウーマンになれるかどうかの岐路でもあります。チャンスをものにするために、「イエス」と言い、自分の世界を広げる勇気。そして、ひとりで取り組むこと、責任を取ることを怖れないことがとても大切だと思います。

火星の力が育つと、日本女性が苦手とする健全な自己表現が育まれます。若いときは金星意識だけで言われたことをやっていればいいのですが、30代後半からは自分から発信し、物事をまとめる力が必要になります。火星力の延長に、営業力やプレゼン力も育まれるでしょう。太陽が見つかっても、火星力がなければ、現実化はできない。言いたいことをまとめて表現する、目的に向かって推進する力がこの頃、とても大切になります。

がんばりすぎたら、自分に優しくする

その反面、30代後半から増えるのが金星という女性性を抑えすぎて、甘えられなくなっ

た方たちのリーディング。はじめにお話ししたように、大切なのは男性性と女性性のバランス。30代後半でも、ほどよく金星が働いているのが理想の状態です。

甘えられない人たちは、たいてい黒い服を着て疲れ切っています。有名雑誌の編集長、一部上場の保険会社の営業所長、大学病院の看護師長。ほとんどが責任のあるポジションにある方たちでしたが、金星は甘えだと思い、女性であることを殺して仕事をしているので、恋のチャンスとされる星まわりにもまったく反応しないのです。こういう方たちに「女性性を取り入れてはどうか」とお話しすると、「女性性」のイメージがまるでわかないということがほとんどです。「女性性をどう取り入れたらいいんですか」という質問を受けるのですが、マニュアルは求めないでほしいとお話しします。自分で探すことで、徐々に感覚がつかめるはずです。

自分に優しくすることを知ってほしくて、「しばらく休日には何もしないで、パジャマで一日を過ごしてください」とお話しすると、休むことそのものに抵抗があるようで、みなさん驚かれます。でも、身体がくたびれて硬くなっていると、頭も心もしなやかさを失ってしまうもの。仕事を長く続けるには正面から突破するばかりでなく、時にすり抜けることも必要になりますが、身体に硬さがあると何でも受けとめすぎてしまうのです。何もしなくても自分には価値があるとわかっているのが女性性のあり方。息を吸ったら、吐かなくてはいけません。今まで息を止めるようにしてがんばってきたなら、今度はリラックスして、月や金星といった女性性の星を回復させてあげられるといいですね。

ふしぎなことですが、女性性を受け入れた人は、男性上位の企業であっても、さらなる出世をします。そこはかとなく漂うゆとりが上層部のオジサマたちにも通じるのでしょうか。本当は男性であっても、自分のことでいっぱいの段階では、人の上に立つことなど許されないのかもしれません。ずっと走り続けてきた人ほど、がんばりすぎない、欲ばらないことを学ぶだけでも、30代後半から40代にかけての人生は、スムーズにいくはずです。

役割から離れる時間を作る

先日、サラ・ジェシカ・パーカー主演の「ケイト・レディが完璧な理由」という映画を見ました。投資会社に勤める女性が家庭と仕事の両立を探るコメディ。30代後半からは、多くの女性にとって一番、忙しい時間です。シングルで仕事をしていても責任が大きくなりますし、結婚して子どもを産んで、さらに仕事もしていたら。スーパー・ウーマンをめざしすぎると、「私」を思い出す時間がなくなってしまいます。まじめで努力家の女性ほど、ケイト・レディのように役割に埋没し、ひとりでお茶を飲む時間もないようにしてがんばっていることがあります。オーバーワークを続けているといつかパンクするものです。

映画のケイト・レディは、ほかの人たちに八つ当たりすることはなかったけれど、現実にはパーフェクトをめざしすぎると、「自分だけががんばっている」という空気を醸し出し、トゲトゲしがちです。本ものでない土星意識の「〜ねばならない」にとらわれてしまっているのです。これまでの役割を作り出し、引き受けてしまったのは、誰のせいでもなく自分自身。長く続けられるようなワーク・ライフ・バランスを考えるのも自分自身。シングルでいても、パートナーがいても、仕事をしても、子どもを産んでも。どの選択にもメリットもデメリットもある。お金を出せば買えるショッピングとは違うのですから、パーフェクトな完成形の幸せは最初から手に入るものではなく、心が満足する生活は自分で作るものです。

心当たりがあるという方は、パンクしないうちに、ホテルのラウンジでひとりでお茶をするような時間を作ってくださいね。話を聞いてもらうのも大切ですが、同年代の友達もみんな忙しくて会える時間がないなら、エネルギーワークやボディトリートメントのセラピストなどプロの力を借りてでも、自分の時間を作ることにどんどんわがままになってください。周囲に尽くしてしまい、自分の時間がなくなっている人ほど、人の時間も大切にできないものです。がんばったら休むことは、本当にとても必要なのです。

またパンク寸前のワーキング・ウーマンは、専業主婦だった母親と同じだけ家事をしようとしていることがあります。育ってきた家庭と同じ形を作ろうとしても、メンバーも時代も違うのです。プライオリティをつけ、たまには手を抜きましょう。

冬の森に赤い薔薇は探さない

新卒の頃ですから遠い昔ですが、映画の「プラダを着た悪魔」のアンドレアのようにスタイリスト・バッグを肩にかけて、かけずりまわっていた時代のことです。真冬のロケなのに、編集長から「薔薇のような赤い華やかな花が欲しいわ」というオーダーを受けたことがありました。もちろん、赤ければ何でもいいならいくらでもありますが、青山の花屋さんを何軒もまわっても、編集長のイメージするような素敵な花は見つからない。手はかじかむし、荷物は重いし、マルシャークの「森は生きている」か、アンデルセンの「マッチ売りの少女」の主人公のような気分になりました。実人生でもこうしたことはあります。思い通りのイメージだけで動き、現実を見ていないと理想のものが見つかることはないでしょう。市場が冬なのに、春のイメージでいると、「希望の仕事が見つからない」「理想の結婚相手が見つからない」となってしまうのです。まだ外側に期待する金星意識が抜けていないのですね。

現在の冬の森のような経済状況では、30代後半からの転職や結婚に、20代のような春のつもりで行動しないことが大切です。自分が学歴や収入などスペックで相手を見たら、自分も容姿や年齢というスペックで判断されますね。年齢を重ねるにつれて、容姿など外側のスペックが落ちるのは仕方ないこと。だからこそ、年齢を重ねても揺るがない軸を内側に育てる必要があるのです。それが金星意識から、本ものの土星意識への切り替え。「冬の森に赤い薔薇を探さない」ことは、肝に銘じておきたいなと思います。

リビング・デザインを見直す

がんばっている人に休むようにお話しすると、「怒り」につながることがあります。「休めるようなら、私だって休んでいる」という心境なのだろうなあと想像がつきます。私自身も30代後半、東京のある治療院で身体のメンテナンスを受けているとき、通院のたびにもっと休むように言われて、「いえ、休んでいます」とムキになっていたことがありました。フリーランスなので生理の日は寝ていられるし、旅にも自由に行ける。私は身体を大切にしていると思っていたのです。でも、今になってみると、私の「休んでいる」は、過去の自分と比較したに過ぎず、撮影や原稿の予定がぎっしりと詰まっているような「一番忙しい時期」は過ぎたというだけでした。しかも、「休んでいる」のではなく、「自由がある」だったのだと今ではわかります。つねに締め切りがあるし、土日もない生活なので、身体は案外、張りつめていて、ちっとも休めていなかったのですね。その上、張りつめたものをやわらげようと旅に出かけていくのですから動きっぱなしです。

このとき、先生に言われて印象的だったのは、「遊んでいても身体は疲れている」ということ。これは、30代前半までの自分では出てこない発想です。残念ながら誰にもエイジングの波は押し寄せ、日増しに成長を続けていく精神に比べ、身体が衰えてくるのは当然のこと。30代後半から40代前半にかけては、がんばらなければいけないのに、休まなければいけないというハードルの高い時代なのです。そのためにも若い頃からさまざまな経験をして、ある程度の力を育てておくことが大事だと痛感します。

生活設計というと、物質的にどうやって生活を成り立たせるかという話になりやすいですが、「心が幸せを感じられるリビング・デザイン」の発想が30代後半から40代にかけては必要だと思います。仕事を覚え始めの20代は、そんな悠長なことは言っていられないかもしれませんが、このくらいの年齢まで仕事をしてきたら、ある程度の裁量権は手に入るもの。がんばりすぎなくてもある程度は収入が確保でき、生活を楽しめるようにするにはどうするか考えたいところです。あなたの心がどんな環境でなら、今より生き生きできるのかイメージしてみてください。外側の達成には時間もかかりますが、心が幸せになることは、意識や価値観を切り替えればすぐにできるのです。

過活動にはまっている人が使いすぎて熱くなったコンピュータのようだとしたら、決まりきった生活を送り、エネルギーが停滞している人は、フリーズしているコンピュータです。自分の状態がよくないと、星のフローという電気も受け取れないのです。運気をよくするとはよどんだり、収縮したり、熱くなりすぎたりしたエネルギーを動かし、適正な状態にすることです。これは30代後半にかぎらないことですが、「出会いが欲しい」というので、どんなライフスタイルかを伺うと、会社と家の2点を往復する、振り子のようになっていることがあります。それでは出会うものも出会いません。せめて帰りがけにどこかに寄るなど3点にしないと、エネルギーは循環しないのです。運気の風が吹いていても、出航しないで港にいたら、どこにも行けるわけがない。がんばるときはがんばる。休むときは休む。そして活動の幅は広くする。よくよく自分を見てケアしてあげましょう。

自分に対して、「がんばってるね」と言ってあげられないときは、相当、無理をしているものです。そんなとき、周囲にもがんばりを強いていることに気づきましょう。パートナーや友達が「忙しい」とほんの少し愚痴をこぼしたときに「大変だね」と共感し、声をかけてあげていますか。「自分で選んでいる仕事なんだから当たり前でしょう」という態度では、まわりから人がいなくなってしまうかもしれません。その言葉は、本当は自分に言っていることに気づけるといいですね。頑なな態度を続けていると、女性でも「土星おじさん」になってしまうもの。自然な女らしさや色気からはどんどん遠くなってしまいます。機械ではないのだから、くたびれることもあるのが人間の自然な姿だということ。時に情けない自分も許してあげてくださいね。

40代からのレッスン

40代は、私もまだ初心者です。
そんな私が書くのはおこがましいながら、
私自身が美しく年を重ねるために
大切だと感じていることを最後に少し綴ってみます。

ありのままの自分を受け入れる

40歳前後はこれまでのコミットメントが問われる年代だと感じます。どんぐりの背くらべだった30代前半までと比べて、ハートを開いてがんばってきた人にはこの頃、自分を信じる余裕が生まれてきます。地位や収入という外側の成功やパートナーの有無とは関係なく、「やるだけのことはやったんだから」というふしぎな落ち着きがあるのです。自分が納得できることを指標に生きてきた人は、ありのままの自分を受け入れて好きになれるのですね。自分が選んだ人生が果たしてよかったのかという、30歳前半の揺らぎもなくなります。もちろん、本当のところは死ぬまでわからないものだし、心が揺れることは誰しもありますが、「自分らしく輝いていればそれでＯＫ」というのが基本にあるのです。

たとえば、私の連載の読者の方では東京で働くシングルのふたりが思い浮かびます。ひとりは、帰国子女ではないのですが、留学や勉強を重ねて会議通訳者に。企業に勤めていたのが、最近、フリーランスになりました。もうひとりは、短大を卒業後、証券会社に。事務や営業もこなしながら、経理や税務の仕事に目覚め、最近になって転職。外資系メーカーの経理部で責任ある仕事をまかされています。ふたりともしっかりした土星の技術があるので、仕事に関しての悩みはあまりありません。男性からもよくアプローチはされるようですが、実家はとうに離れ、シングルライフを謳歌しています。

惑星の発達モデルで、45〜54歳が木星期とされているのも、中年になってからのほうがおおらかな木星意識で生きやすいからでしょう。生まれたときの木星にトランジットの木星がめぐってくるのは、多少、前後はしますが、12歳、24歳、36歳、48歳と約12年ごとにあります。木星期にはゾディアックのサイクルを4回経験していることになります。子どものような月の時代、若い女の子である金星の時代、青年期の太陽の時代を過ぎて、やりたいことや自主性を獲得した大人になる。30代後半からは火星の行動力で自分を打ち出し、40代では他者に対しても、自分に対してもある種のゆとり＝木星意識を身につけていくことが大切なのでしょう。その裏には、日々の努力という土星の積み重ねがあるのは言うまでもありません。

金星が強すぎると「金星おばさん」に！

美しく年を重ねるには、当然わきまえなければいけないことが出てきます。でも、時折、40代でも「金星ちゃん」のままの方がいます。たとえば、あなたがイベントをオーガナイズする側だとします。一方に、住所だけ伝えればインターネットで調べて、約束の時間にすんなり現れる人がいます。でも、もう一方に、住所だけでは行けないから地図を送ってほしい、道順を教えてほしい、それでも心配だから、電話でも確認したい。さらに自分の都合でイベント中に抜けてもいいか……などとオーダーの多い人がいたら、少しわずらわしく感じませんか。それだけ、いろいろ言った挙句、30分以上、遅れて現れたりすると悲しくなるものです。太陽の自主性があるか、依存的かどうかという違いは、日常のこうした小さなところに現れます。

前者は普段から、できるだけ人に頼らないようにする人です。当日にバタバタすることがあると、周囲に迷惑をかけることがわかっているからです。こうした人は、ものを頼むのも上手。できないことは早め早めに手を打ち、ていねいにお願いするので、人も動いてくれます。「甘えん坊」ではなく、「甘え上手」なのですね。小さなことのようですが、この自主性の違いは、運の違いにつながってしまうのです。大人になると、誰もが忙しいもの。依存的な人より手がかからず楽しい人に、素敵なお誘いは集中するのです。

40代でも「金星ちゃん」のまま、他人に求めてばかりいる人は、バッテリーがなくなって電波を探している携帯電話のような状態です。本当は電波が飛んでいる、つまり愛情が存在しているのに拾っていないこともあります。ワガママなお姫さまのように、自分でやるべきことまで、「やって、やって」と手を伸ばしていると、友人たちにも敬遠されるようになってしまいます。昔はみんなが助けてくれたし、それが当たり前だったので、本人は自分の未熟さに気づけない。「金星おばさん」になってしまうのです。「金星おばさん」になってしまうのは、星を育てることで男性性を身につけるという発想がなかったから。女性性が強くなりすぎたら、男性性を育てる。それは自分を律し、自分の足で立つことです。男性でも、まったくのオジサンより、女性の気持ちもわかる女性性の強い人のほうが公私ともにモテるのと同じですね。

年を重ねても金星意識が強いと、いつも「少しだけ得をしたい」という消費者的な感性でいることになります。自分が得をしているかどうか考えて動くのは、あまり美しいことではありませんし、実際に損もしています。「お金がない」といつも不平を言っているような人は、たくさんのギフトに恵まれ、もらいすぎていることに気づいていないのです。

宇宙は、その人の内にあるものと外にあるものが等価であることを求めます。いつも少しだけ得をしようとすると、宇宙からの「借り」がしだいに溜まってしまうのです。少しだけ損をしていると、逆に宇宙への「貸し」が溜まり、それが大きなギフトとなって返ってくるでしょう。見返りを求めず、素敵なものをたくさんくれる人にはお礼をしたくなるように、宇宙も全体を考えて動く人に多くのものを与えてくれるのです。なんとなくお金がまわっている人というのは、宇宙との貸し借りが上手です。

「お客さま意識」の怖さ

私が沖縄で素敵だなと思うことのひとつに、「お客さま意識のなさ」があります。お互いさまの精神が生きているので、「私はお金を払っているんだから」といばることもないし、お店の人たちも変にへりくだるようなことはありません。お店の人とお金の受け渡ししかしないようなマニュアル的な接客より、そのほうが豊かに感じられます。

でも、「金星おばさん」になってしまうと、お金を払っているのは感謝の気持ちを表す対価であって、お店の人との間にも人間関係でごく当たり前の配慮が必要だということを忘れてしまうようです。私の友人の話ですが、その昔、自宅で子ども英会話のサロンを開いていたとき、「無料キャンペーン」でやってきては何時間でも帰ろうとしない人たちに悩まされたと言います。依存的で寂しい人たちにとって、こうした「お客さま」でいられる場所は、拒絶されることも傷つくこともない場所なのかもしれませんが、「金星おばさん」がエスカレートすると、先ほどの「消費者」に。さらにエスカレートすると、「私はお客さまだから、何でも許される」というクレーマーやモンスター・ペアレントになってしまうかもしれません。40代になってくると、金星の「愛されたい、認められたい」という気持ちが強い欲に変わってしまう怖さをとても感じます。

消費者的な精神性でいると、心が満たされていないのだと気づかずに、買い物や浪費に走ることもあります。金星は、「好き」を表す星でもあります。好きなものに囲まれていると、それだけで「自分を大事にしている」というメッセージを潜在意識に伝えることになります。お金のない20代はカラーボックスの本棚でもいいのですが、年を重ねるほど、寂しさの埋め合わせにお金を遣うのではなく、ハートが喜ぶ本ものを揃える方向にシフトしていきたいものですね。

「いばりんぼう」は「土星おばさん」の始まり

下働きやサポートを嫌う40代の女性に時折、出会います。こうした人たちは、長く男性並みに働いてきたキャリア・ウーマンに多いことに気がつきました。土星的なオジサンの

ように、「女の子たち」を見下ろしてきたのかもしれません。きっととても深いところで

女性性が傷つき、「女の仕事」とされてきたものを否定しているのです。また、男の子の

ように母親に何くれとなく世話されてきた人が多いので、世話はされるものと思っている

のかもしれません。

彼女たちには、「私は、ほかの女の子とは違う特別な存在だ、特別でなければいけない」という思い込みがあるように思います。「愛されたい、認められたい」という金星意識の段階から形ばかり成長しようとしても、「土星おばさん」になってしまうのです。でも、「いばりんぼう」の偉い人より、下働きができる女性のほうが同性から見ても素敵。男性からはもっと素敵に見えるはずです。もちろん、「男性に媚を売れ」とか「女の仕事に手を抜くな」とか言っているのではありません。忙しい女性が食洗機や乾燥機などで家事を合理化して、自分にゆとりを持つのは素敵なこと。出来合いのお惣菜を並べたっていいのです。仕事もしているのにすべてに手をかけてストレスを溜めることはないのですが、「自分は偉い」ことをアイデンティティにし始めたら、「土星おばさん」への道をまっしぐらに走っている証拠です。そして、「土星おばさん」が出てきたときは、どこかでインナーチャイルドが傷ついているものです。

「お客さまだから大事にして」と言う「金星おばさん」は、きっと自分自身がお金をもらったら何でもしてしまうから。お金というその人にとっての金星の奴隷になってしまう。「土

星おばさん」は、きっと自分より権威があると思った人には尽くし、下だと思うと徹底的に見下してしまうのです。権威というその人にとっての土星の奴隷になってしまうのですね。前者はもしかしたら、仕事でクレーム処理を受けるなど苦労しているのかもしれないし、後者は上司につき上げられているのかもしれません。女性性と男性性のネガティヴな面が癒されないまま出ているのですね。表面に向けた顔の下で苦しんでいる「ガール」も見え隠れするのですが、40代になったら自分で気づくしかないので、どう伝えたらいいのか悩むところです。

「土星おばさん」の多くは、実は、「金星おばさん」である依存的な自分を隠そうとしているのかもしれません。大きなものに頼りたいというときは、不安を感じていることが多いもの。ホロスコープで言えば、外に向けて固定された顔というのは、アセンダントの星座でもありますが、どれかひとつの顔に偏らないで、その場に応じて星を出し入れできるといいですね。すると、いくつになってもしなやかな印象の女性になれるはずです。

「おはなし」を焦らない

40代でそれまで続けてきた仕事を辞め、次の仕事につながる資格を取得しようと思い切った転身をする人がいます。やりたいことをやるのは素敵なことですが、こうした選択をした方のほとんどがとても苦しそうなので、いつもふしぎな思いでした。共通しているのはまったく違うジャンルの仕事を短期間でものにしよう、達成しようとすることで、それは若いうちでも無理だと思うのです。自分の「おはなし」を見つけられないまま、自己証明を焦って苦しんでいたのかもしれないと想像してしまいます。

誤解をしてほしくないのですが、40代に可能性がないように言っているわけではありません。年齢を重ねてきて目に見える結果が欲しくなるのも自然なことですが、20代、30代よりは可能性が狭められるのもまた当然のこと。外側の達成には時間がかかるぶん、30代に本気でがんばっておかないと満足できる40代は手に入らないし、40代にもがんばっておかないと、満足できる50代はやってこない。星で言えば本ものの土星の力ですが、昔からそういうものだと思います。

後からコース変更をした人たちがなぜそんなに焦るのかというと、どうも「達成しなければいけない」「所有しなければいけない」「勝たなければいけない」「標準より上でなければいけない」……そんな子どもの頃からの偏差値的な発想があるようです。他人と見えない競争をするのは自分でやってもつらいものですし、ましてや夫や子どもに託したら、家族もつらいものです。他人との比較という牢獄からこの年代で離れないと、年齢を重ねるほど大変になるでしょう。

「四十にして惑わず」とはやはり本当のようで、「今のままではいけない」という焦りから行動すると、自分のハートの望みではない方向へ行ってしまうようです。自然にやれるものこそ、本質ということもあるかもしれません。成功を追いすぎているときは、自己証明のためということがよくあります。40代までに消費しかして来ないと、金星意識のままショッピングでもするように、外から「おはなし」を持ってくることもあります。あなたにとって価値があるのは、自分のなかにある金鉱から掘り出したものだけなのは忘れないでいただきたいなと思います。

40代から50代にかけては、土星とどうつきあってきたのか、だんだんに答えが出てくる年齢だとも思うのです。会社勤めでも、子育てでも、日々の仕事とは地味なものです。あしぶみのように思えても、季節のめぐりとともに、あなたは確実に日々前に進んでいます。地球も、毎日同じことをしながら、つまり自転をしながら、太陽のまわりをまわっています。地球がやっていることを人間の分際で「いやだ」なんて言っていたら、バチが当たりますよね。生まれたときの土星への2度目の土星回帰は、60歳を迎える直前にやってきます。土星のサイクルを2つ経験してはじめて、この人生で土星の力をものにしてきたかどうか、答えが出るのです。本ものの土星をここまでに育てられれば、老年期も自分らしい輝きを失わないでいられることでしょう。

年代ごとのレッスンのまとめ

★各年齢域にそれぞれどんなことがありましたか。年齢域の天体のイメージとシンクロするように展開していたかどうか、思い出してみてください。

★30歳前後の土星回帰の時期に、あなたがぶつかった、あるいはぶつかりそうな既成概念や親の価値観は何でしょうか。

★20代後半から30代前半にかけて、あなたの太陽を見つけてこられましたか。あるいは、あなたの太陽のテーマを考えてみましょう。

プラネット・レッスン

星を育てる感覚がつかめてきたら、実生活に星を取り入れてみましょう。毎月の新月や満月、自分の星座に金星がめぐってくる日を意識するのは楽しいものです。太陽も、月も、星たちも動力などなくてもまわっています。自然はいつも違う表情を見せてくれるので、飽きることもありません。占星術や宇宙の世界を探求するのは、究極のエコロジカルな趣味でもあります。

また、人生を俯瞰して転機のタイミングを見るには、木星や土星などスローペースなプラネットを使います。中級編にはなりますが、自分のライフサイクルを読み解くために、考え方を少し触れておきます。

このレッスンの後半では、土星以遠の天体、天王星、海王星、冥王星にも触れてみたいと思います。土星より遠い天体は、トランスサタニアンと呼ばれ、地球の衛星である月、太陽の近くを離れない水星、金星とは、象徴するものがまったく違います。

フランス革命の直前に天王星が発見されるまでは、土星が太陽系を束ねる存在でした。人間の意識も、暮らしも、土星の象徴する日々のくり返しと伝統のなかにありました。インド占星術などは今でも土星までの7天体がおもに使われるようですが、西洋占星術に携わっていると、近代の発展をなぞるように発見されてきた天王星、海王星、冥王星を使わないことが今ひとつしっくりきません。インドの一部地域では、いまだに親どうしがホロスコープで子どもの結婚を決めることすらあるとか。自由恋愛より上手くいくのかもしれませんが、かなり制限があるように感じます。

もちろん土星までしか使わないのは、中世までの西洋占星術も同じなので、間違っているわけではありません。でも、外惑星の影響を強く感じる人間にとっては、外惑星を除外した占星術はちょっと物足りなく思えます。この章では、外惑星の世界のおもしろさについても少しお伝えできたらと思います。なお、冥王星は準惑星に降格されましたが、占星術上での働きは依然として大きいので、トランスサタニアンに入れておきます。

♀ 金星のレッスン

女性性のノートで金星を癒して

リーディングでご希望を尋ねると、「年収をもっと上げたい」というケースがあります。でも、こうした方にかぎって、年収ベースで900万くらいをクリアしていることが多く、それ以上のポジションと年収を得るのはこの不況下でむずかしいものです。さらに聞くと、本当に求めているのは「安心」や「愛情」ということがとても多い。本当は、がんばっている人たちのなかにいるインナーチャイルドが見えない未来に対して、「怖い、怖い」と言っているのです。こうした人たちは、金星の「女子」というムードがまったくありません。ファッションも、喪服のように黒いものを着ているので、「ピンクを着てください」と言うと固まってしまうこともあります。

いつの頃からか、こうした人には金星を取り入れるために、「帰りにキャス・キッドソンに寄って、ピンクの花柄のノートを買ってください。女性性について、思いついたことを毎日、書いてください」と「女性性」のノートを作るように勧めるようになりました。

がんばってきた人は、マニュアルがあったほうが取り入れやすいためですが、花を飾ること。満月を眺めること。ローズオイルを垂らしてお風呂に入ること……ありのままの女性としての自分を思い出し、いたわる時間を、毎日30分でいいので作ることで、金星意識のアンテナが立ち、徐々に自分をゆるめられるようになります。

セルフケアとしてのスピリチュアリティ

女性がみずみずしい金星の完成を保ち、バランスよく30代を乗り切るには、祈りの世界も助けになってくれます。日本は無宗教のように言われていますが、それは戦後のこと。もともとは縄文の昔から、世界でも有数の霊性の高い土地柄であることをこうした探究を始めて知ることになりました。沖縄には、「サーダカ」という言葉がありますが、「生まれ（霊格）が高い」ことを言います。生まれつき感性が高く、物質世界だけでは苦しくなる私の読者の女性たちは、このタイプが多いのではないかと思っています。それは現世利益を願い、金運が欲しいとか、恋愛運が欲しいとか何かをもらいたがって、神社やパワースポットを訪れるのとはまったく違う世界です。自然とも、自分とも優しく語り合い、自分自身とつながることがこのタイプの女性たちにはとても大切だと思います。

自分だけの聖地を自然のなかに見つける

私も神社に行くのは好きですが、それは自分にとっての聖地だから。現世利益をお願いするためではなく、自分とつながり、心を浄化するために訪れます。ご縁のある女神さまを祭っている神社とは、あなたが意識を向ければ、必ず縁が生まれてくるものですし、自分にとっての聖地とは有名な神社やパワースポットだけではないのです。

私は多摩川が流れ、富士山が見える武蔵野台地で育ったせいか、渋谷のマンションで暮らしているときは、だんだんに閉塞感を抱くようになりました。会社を辞めてから沖縄が好きになって、ときどき沖縄の海に出かけないとたまらないようになり、とうとう拠点を移すまでになりました。私にとっては、沖縄の海辺が聖地だったのです。白い砂浜で潮風に吹かれていると、心身の毒素が流れていくようです。がんばりすぎて燃え尽きてしまい、星のフローを受け取れなくなったとき、一番パワーチャージできるのはやはり自然のなかです。自分が寂しいことにも気づいていないくらい、がんばりすぎている人は、自然のなかに行くと自分を取り戻せるでしょう。海辺をおすすめしたいのは、身をゆだねてリラックスできるからです。

トラベル・ジャーナリストとして活動している友人は、イタリアが大好き。頻繁にイタリアに通い、今ではイタリアに関する雑誌の執筆&編集にも関わっています。六本木のファッションビルの仕事をしている年上の友人も、ベースは鎌倉に置きながら、ハワイにも頻繁に出かけて、自分らしさを取り戻す時間を作っています。

女性性を回復させるとは、自然のなかで地球とつながることでもあります。24時間、働かないと維持できないような大都市では、女性性のエネルギーはどんどん枯渇していきます。心のなかに豊かな星の世界を育てるように、現実の世界にも自分だけの聖地を見つけ、パワーチャージすることが年齢を重ねると欠かせなくなるのです。

月のレッスン

日々、取り入れたいプラネット

月のサイクルを意識する

新月や満月を意識して暮らすことも、女性性を回復させるのに役立ちます。月のサイクルを意識し始めると、女性の身体は月に合わせて満ち欠けをくり返しているのを感じます。生理なども、新月や満月にぴったりと合うようになる人がとても多いのです。

２０１２年のさそり座の満月では、沖縄本島南部の岬で、お友達と満月ピクニックをしました。月明かりのなかお弁当を持ち寄っただけですが、雲間から漏れる光、きらきらした水面に、本当に豊かな気持ちになりました。その後は神さまの浜辺で月光浴。時たま月の光を浴びながら、生産性に偏りがちな自分をリセットするのは、働く女性にとって、とても大切なことだと実感しています。ほかにも、新月や満月の思い出はたくさんあります。スウェーデンのキルナでオーロラを見たうお座の新月。宮古島の切り立った断崖から眺めたおうし座の満月。このときは、クリスタルボウルの演奏もしてもらいました。伊是名《いぜな》島という沖縄本島の離島で、プライベート・ビーチのように浜辺を独占して、ひとり波とたわむれていたやぎ座の満月もありました。人工物はいつ行っても同じですが、自然は毎回、違う顔を見せてくれます。お金をたいしてかけなくても、実はとても豊かな気持ちで暮らせる。そのことも月は教えてくれます。

☉ ☾ 太陽と月のレッスン

日々、取り入れたいプラネット

新月と満月のタイミング

太陽と月が同じ位置にやってくる新月には、ゾディアックでも同じ星座、同じ度数にやってきます。新月は物事の始まり。闇夜には月の影もなく、そこには物事の萌芽しか感じられません。ここから14日かけて月が満ちます。満月は、ゾディアックの反対側の星座で起こります。そして、また14日かけて欠けていき、また新月が起こります。このときの新月は、前回の新月の次の星座で起こります（暦との関係で、同じ星座の0度と30度というように、同じ星座で新月や満月が起こることもあります）。具体的に説明すると、おひつじ座に太陽があるときは、新月はおひつじ座で起こりますし、満月は反対側のてんびん座で起こります。そして、次の新月はおうし座で起こります。次の満月も反対側のさそり座で起こります。こうして、新月と満月もゾディアックをぐるぐるとめぐっていくのです。

自分の誕生日の頃に、自分の星座での新月が起こると、そこは1年に一度の何らかの始まりを予感させます。この前後、新しい出会いも多いでしょう。一方、自分の星座での満月は、ゾディアックの反対側に太陽が来たときに起こるので、誕生日のだいたい半年後。この満月が過ぎると何か見えてくるものがあります。半年前の答えが出ることもあるかもしれません。星のリズムに意識がシンクロしてくると、自分の新月や満月には何もしなくてもいい出会いや結果が生まれるものです。

☿ 水星のレッスン

年3回の水星「逆行」は、ワーキング・ガールの大敵

　コミュニケーションを司る水星は、年に3回、「逆行」します。だいたい3週間くらいは続くので、その間、それまでに進んでいたことが突然、上手くいかなくなるように感じることもあります。そのとき起こる出来事には、水星が「逆行」している星座の性質も出ますが、共通しているのはコミュニケーションが混乱し、連絡やアポイントメントのミスが頻発すること。よく言われるのはコンピュータが壊れやすいとか、システムがおかしくなるとかです。もちろん科学的に証明できることではありませんが、太陽、水星、地球の関係が崩れるので、電波の中継がよくないというようなイメージでつかむといいかもしれません。この間、パソコンのデータのバックアップを取るとか、飛行機に乗らないとかの対策をしっかり取る方もいますし、重要な契約も結ばないほうがいいと言われています。

　おとめ座の私は水星が守護星でもありますし、水星がMC近くの9ハウスにあり、水星が崩れるとほかも崩れるということが以前はよくありました。ただ年に3回もあるので、

十数年もサイクルを意識していると慣れてきます。特にフリーランスになってからは、その間できるだけおとなしくしています。電話だけで事を済まさない、重要な案件はボイスレコーダーで残すなど普段よりていねいに過ごすようにすれば、怖れることはありません。過去の友人と再会したり、昔のことが思い出されたりもよくあります。使いすぎの頭をちょっと休ませるつもりで、余裕を持ったスケジュールで過ごすのが理想です。水星の「逆行」期間は、『占星天文暦』で調べてください。

⊙4 太陽と木星のレッスン

約12年に一度のタイミング

木星のラッキーシーズンと言うけれど

雑誌の星占いで、「12年に一度の幸運期」という記事を目にしたことがあると思います。これは、自分の生まれ星座（太陽星座）に木星が来る1年のこと。木星は、約12年で後に出てくるゾディアックを一周するので、1年ごとのムードを見るにはとてもわかりやすく、メディアの星占いでは多用されます。読者の方が知りたいのは、この時期、本当に自分がラッキーなのかどうかでしょう。この十数年、観察していると、世の中に自分の星座のムードが満ちてトレンドになるので引き合いは大きくなりますし、自分自身の意識も肥大して楽観的になるでしょう。その意味で制限の多い人ほど解放され、思い切ったチャレンジができるはずです。私自身、出版社を辞めてフリーランスになった年は、生まれたときの太陽星座に木星が来ているタイミングでした。もちろん、それで決めたわけではありませんが、友人が大手の出版社を紹介してくれるなど追い風が吹いたのも確かです。

ただ木星は物事を拡大する性質を持ち、実力のなさや醜聞を隠していたら、それも露呈してしまいます。たとえば、生まれたときの月の星座に木星がやってくるとき。交友関係は広がりますが、ずるずると甘えが出ることもあります。インナーチャイルドの暴走が始まって、大人としての常識や節度が飛んでしまうのです。「認められたい、愛されたい」という感情の痛みがでてきやすいのです。

また木星がやってくる1年の間にすべてをやり切るべく、駆け抜ける人がたまにいますが、こうした人は一時的なブームになるだけで終わってしまいがち。「あの人は今」というパターンですね。高校生や大学生がターゲットの占いなら、3年や4年の短い学生時代の1~2年を木星が祝福していたら、とてもラッキーに感じられるでしょうから、「ラッキーな天体」で十分なのです。でも大人になったら、木星が来た1年は長い眼で見た「種まき」くらいに考えるのがいいと思います。ゼウスがさまざまな神々、ニンフ、女性たちと恋をして、たくさんの子どもたちが生まれたように、木星の1年にたくさんの種をまいておけば、10年、20年したら実るかもしれないというように、余裕を持って星とつきあってくださいね。

約30年に一度のタイミング

☉♄ 太陽と土星のレッスン

生まれたときの太陽に今の土星がやってくる

レッスン2でお話しした30歳前後の土星回帰は、生まれたときの土星に今の土星がやってくるもの。一方、生まれたときの太陽に今の土星がやってくる、太陽への土星回帰も重要な転機です。土星は29年半というサイクルの天体なので、約30年に一度のタイミングで、太陽への土星回帰も起こります。タイミングは、太陽星座によって違い、２０１２年は10月６日まで、土星はてんびん座にあったので、てんびん座の人はすべて太陽への土星回帰を迎えていました。

土星がてんびん座にあったのは、2009年10月30日〜2010年4月8日、2010年7月22日〜2012年10月6日です。この間、太陽への土星回帰で求められる「変化の選択」をしたてんびん座の成功例は、イチロー選手と松嶋菜々子さんが挙げられます。イチロー選手は移籍を果たし、松嶋さんは、「家政婦のミタ」というドラマでイメージを変えて高視聴率をたたき出しました。20代のてんびん座にはアイドルの大島優子ちゃん、60代には菅直人さんがいます。てんびん座に土星が滞在する間に、毎日のように話題になっていた人たちですが、土星が太陽に来る2年半というのは、現世的な達成という意味では、その人のこれまでのやり方のピークでもあります。イチロー選手や松嶋さんのように頂点で価値観を変えられる人は、本当の実力の持ち主なのかもしれません。

もしここで余計なものをそぎ落とし、自分の本質に合う選択をしないと、著名人は、急にそのスタイルが古く見えてしまうことがあります。また本人が周囲を慮り、状況を変えられないでいると、事故や病気、スランプという形で現れることもあります。スポーツ選手は特に、太陽星座に土星が来ると不調になるようです。自分自身の生き方を俯瞰して見つめ、必要があれば変える時期なのです。

子ども時代を永遠に後にする

「太陽に土星が来るってパソコンのOSが変わるみたいなものかしら」というのは私の説明を聞いた知人の言葉。確かにその通りで土星の「仕分け」によって使えるソフトと使えないソフトが出てくるし、以前のデータも不要なものは消さないといけないなど入れ替えるときはしんどい作業になります。それでも、あなたの内部に積み重ねたパソコンに関する知識や技術は奪えないように、太陽への土星回帰でも人生に対する洞察が奪われることはありません。外的なアイデンティティは奪われても、内なる太陽は逆に燃え立つものです。別のある40代の女性のリーディングでは、「私の太陽星座に土星が来るそうですが、ソフトランディングする方法はないか」と聞かれて、きょとんとしてしまったことも。私は星の言葉を翻訳はしていますが、他者の現実を変える力はありません。当たり前のことですが、自分の現実を変えるのは自分自身。人に頼ることはできないのです。太陽への土星回帰は、子どものままの自分から抜け出して大人になるためにあるからです。

太陽への土星回帰は、あなたの本質を明らかにします。外側にあるものを玉ねぎのようにむいたなかに芯があります。この芯を外に表すために、あえて土星は厳しい先生のような役割をしてくれているわけです。アイデンティティを外側に頼るのではなく、内側からあふれる創造性の開花をめざすのがこの時期です。太陽への土星回帰はひとつのゴールでもあり、スタート地点でもあります。次の土星のサイクルでめざすものが目の前に差し出され、再び取り組むことになります。今までめざしてきたものの達成のピークなので、これが終わると以前の仕事は減ることになります。そのため、内なる太陽へのチャレンジが行われず、以前の仕事やアイデンティティにしがみつくと、この変化はつらいものになります。しがみつかず、流されず、自主的に人生に取り組み、努力することが求められます。

さて、2012年の10月6日からのさそり座の土星時代はどうなるのでしょうか。「正しい判断」を求めて、判断が保留されやすかったてんびん座の土星時代と違い、ひとつのことに命懸けで献身する態度が求められるようになりそう。イミテーションは消えることとなり、その人の本分が何かということが問われます。マルチに活躍するゼネラリスト・タイプは、ひとつひとつの領域をどれだけ深めてきたかによって、人生の雲ゆきが変わるでしょう。

●木星でふくらんだ自意識も、土星で縮小する

木星が自分の太陽星座に来たときに拡大したものも、土星が来たときに縮小します。土星は抑制するのではなく、ほどよいレベルに安定させるだけなのですが、停滞に感じる人もいます。この伸び縮みがあるのが宇宙の摂理であって、拡大や成長だけを続けることはできないのです。たとえば、おとめ座の象徴する「環境やオーガニック」への関心は、木星がおとめ座に滞在した2003年から2004年にかけてブームになりました。でも、

自然食やマクロビオティックの専門店が増えて、雨後の筍のようになると、サービスを受ける側も食傷気味になるもの。２００７年から２０１０年にかけて、おとめ座に土星が滞在する間に、今度はふるいにかけられることになりました。この手の店に大資本が入って、一般ユーザーには手が届きやすくなる一方、個人店にはお客さんが集まらなくなる。ブームの陰で、昔からあるものが消えるという現象が起こりやすいのです。

太陽に対して、土星がゾディアックの反対の星座にやってくるとき（オポジション）も、厳しい星まわり。自分の太陽星座に土星がやってくるときは、自分の努力でなんとかなりますが、反対側にやってくるときは、社会のあり方や人間関係において影響が出てしまうし、自分自身の太陽意識のゆがみもシャドウとして出やすくなります。

２０１１年6月〜２０１２年6月、木星はおうし座に入っていました。世の中におうし座の性質が拡大したわけですが、２０１２年10月から、さそり座に土星が入り、おうし座に対して緊張の角度を取ります。同じように、２０１２年6月〜２０１３年6月とふたご座に木星が入るものの、２０１４年の年末から２０１７年の年末にかけて（一時期をのぞく）、ふたご座の反対側にあるいて座に土星が入り、ふたご座に対して緊張の角度を取ります。木星が来て拡大した自意識が土星で縮小する流れがオポジションでも起こります。

物質的にたくさんあるほうがいい、右肩上がりに成長するほうがいいという価値観でいると、あまりおもしろくないように聞こえるかもしれません。でも、木星は楽しいものですが、調子に乗ると転んでしまうこともある。いつまでもお祭り騒ぎを続けることはできないということです。木星がハレの星なら、土星はケ。土星の言うことにも素直に耳を傾けると、一理あるとわかるはずです。

太陽への土星回帰・私の場合

土星はくり返し、同じことを求めるトレーニングの星。私の場合は、土星がおとめ座にやってきた途端、「Ｓａｙａ」として星の原稿を毎週書くというチャンスと責任がやってきました。木星と角度がよかったのもあると思いますが、10年続けていた星の学びという太陽のやりたいことを土星が現実のものにしてくれたのです。このように太陽への土星回帰は、やりたいことを形にするためのチャンスやポジションも与えてくれますが、同時に努力や献身も要求します。自分の太陽の力を最大限に発揮しないといけないチャレンジがやってくるので、当然のことながらハードワークの日々が続きます。

土星がある星座に入って1年目は、その星座の性質が極端に強まるのですが、2年目になると、今度は次の土星のサイクルに入るために、今までの太陽意識から不要なものをそぎ落とす段階に入るようです。そのときどきの星まわりによって差はありますが、達成してきたアイデンティティがふるいにかけられるイメージです。私の場合は、雑誌の取材スタッフから、自分の名前で星の言葉を書くという文筆業を始めることになりました。プライベートでも父が食道癌になってしまうなどつらい思いをしました。太陽への土星回帰を経験したほかの方たちを見ていても、太陽に土星が来る時期に、頼りにしていた親が病気になることはよくあるようです。

まだ自信がない若い金星の時代、外側の仕事や場所、役割にアイデンティティを見出すことはよくあるものです。私の場合、「雑誌の仕事をしている自分」「娘である自分」だったのかもしれません。人によっては、これが「東京にいる自分」「パリにいる自分」「沖縄にいる自分」となったり、「芸能界にいる自分」「医療の仕事をしている自分」になったりします。この外側に頼る傾向が強くなりすぎていると、その人の属性、つまり会社や場所を変えることを極端に嫌がります。でも太陽への土星回帰は容赦なく、いったん獲得した名前や肩書をはいでいくのです。3年目になると、仕上げに入ります。世の中でも、ひとつの星座の土星のムードに辟易してくるので、次の星座の土星を歓迎するムードが生まれます。足かけ3年かけて、世の中全体で土星の滞在した星座への理解が深まり、落としどころが見つかるのです。

COLUMN

土星のサイクル（2001〜2023）

境の日に生まれた人は、時間によって変わります。

★2001.4.21〜2003.6.4
土星はふたご座に滞在（いて座と180度）
★2003.6.4〜2005.7.16
土星はかに座に滞在（やぎ座と180度）
★2005.7.16〜2007.9.2
土星はしし座に滞在（みずがめ座と180度）
★2007.9.2〜2009.10.30
土星はおとめ座に滞在（うお座と180度）
★2009.10.30〜2010.4.8
土星はてんびん座に滞在（おひつじ座と180度）
★2010.4.8〜2010.7.22
土星はおとめ座に滞在（うお座と180度）
★2010.7.22〜2012.10.6
土星はてんびん座に滞在（おひつじ座と180度）
★2012.10.6〜2014.12.24
土星はさそり座に滞在（おうし座と180度）
★2014.12.24〜2015.6.15
土星はいて座に滞在（ふたご座と180度）
★2015.6.15〜2015.9.18
土星はさそり座に滞在（おうし座と180度）
★2015.9.18〜2017.12.20
土星はいて座に滞在（ふたご座と180度）
★2017.12.20〜2020.3.22
土星はやぎ座に滞在（かに座と180度）
★2020.3.22〜2020.7.2
土星はみずがめ座に滞在（しし座と180度）
★2020.7.2〜2020.12.17
土星はやぎ座に滞在（かに座と180度）
★2020.12.17〜2023.3.7
土星はみずがめ座に滞在（しし座と180度）

♅ 天王星のレッスン

天王星は、みずがめ座の守護星。太陽系のなかでも、おかしな自転をする星です。その様子は、みんながダンスをしているのにひとりだけ、でんぐり返しをしているよう。「長靴下のピッピ」のように、馬でも持ち上げてしまいそうな腕白さがイメージできます。

天王星の公転周期は約84年。ゾディアックを一周し、天王星の意識がものになるには長い年月が必要になるわけです。ひとつの星座を約7年で通り過ぎ、その星座の性質を書き換えます。人間は、土星までの意識で暮らしていると、慣性の法則に従っているかのように、何も考えないで暮らしていることもあります。天王星が生まれたときのホロスコープの重要な地点にやってくると、ぬるま湯に浸かっていたのがいきなり冷水でも浴びせられたように覚醒することになります。社会全体にとっても、新しい星座に天王星が入るときは、その社会のなかでも長いこと、ぬるま湯に浸かっていた部分を書き換えることになります。土星が積み重ねてきた、揺らがないはずの基盤も、天王星のビジョンが入らないでいると老朽化し、時代遅れになっている。地域社会のローカル・ルールとしての土星の機能も天王星は書き換えますが、それもガツンと雷のように下ろします。

物事を革新するために欠かせない天王星ですが、天王星意識が強い人は群れることが苦手なので、土星意識の集団に対して主張しても、「よそ者が何を言うか」などと仲間外れになるだけかもしれません。そのため天王星意識の人は、土星意識の閉鎖性を嫌い、引っ越しや転職など「離れる」ことで自立を保とうとします。土星意識の強い人のように土地や会社を変えることに抵抗がなく、東京とハワイのデュアルライフ（二拠点居住）など、土星意識の人からすると風変わりに思えることも実行します。天王星はインターネットを象徴するみずがめ座の守護星ですが、インターネットによってライフスタイルの自由が生まれたのは誰もが認めるところですね。

たとえば、「エル・オンライン」の読者の方が多い地域は、インターネットの影響力の強い地域と相関性があるようでした。都市部は首都圏にとどまらず、関西圏、札幌、福岡などからもよくメールをいただきました。また、金沢や岡山、沖縄など霊性の高い土地柄の方からもコンタクトがありました。一方、東北、四国、中国、山陰などはあまりありませんでした。東京と大阪でも意識が違うところがありますし、土地それぞれに県民性や女性たちの抱えるテーマがあって、幕藩体制の名残を感じたくらいです。土星的な土地柄で、天王星意識の強さから周囲から浮いてしまい、苦しんでいる人にも時たまお会いしました。エネルギーが違う者どうしでは摩擦が起こりやすいので、こうした人は場所を変えるだけで楽になることもあります。

天王星的な結婚のスタイル

日本のなかで天王星意識が強いのはコスモポリタン都市である東京です。私の実感としては、東京の女性たちは、欧米の女性とそう変わらないパートナーシップ意識を持っているように思います。母親世代のようにもはや専業主婦では立ちゆかない経済状況のなかで、自分らしさを失わずにエイジングを重ねることに関心が向かっています。もちろん、パートナーも子どもも欲しいと思っているのですが、それだけでは人生後半、満足できないとわかっているのです。特に30代後半ともなると、一度結婚しても離婚した人も目立ってきますし、形だけでは幸せは測れないという実感を誰もが持っています。パートナーへの理想が高いとか、実家から出にくいホロスコープの持ち主というのはやはり存在します。そんな人が、「もう何歳だから」というだけで妥協して結婚しても、昔のような「離婚はいけない」という社会的なプレッシャーがないですから、あまり上手くいかないものです。もちろん、後で離婚したとしても結婚の経験が無駄になるわけでありませんし、子どもに恵まれたら、それはとても素敵なことです。

でも、本当に成熟した社会とは、シングルでも、パートナーがいても、子どもがいても、いなくても……誰もが幸せに暮らせるものではないかと思います。それが天王星的な意識の人たちが集まって作った社会のあり方です。フランス革命の直前に発見された天体でもあるので、フランスと縁が深いとされますが、実際、ラテン系で情熱的なのに、家事や育児は男女同等に楽しみながら取り組むフランスという国は、とても天王星的です。知的で美しい友人たちが40代に入るとこぞって外国人と結婚するのは、天王星意識に見合うパートナーを求めてのことだと感じます。またスウェーデンやフィンランドなど北欧諸国も、「個」の意識がハッキリしているので、天王星意識が強い人には暮らしやすいでしょう。

天王星意識をものにすると

太陽のやりたいことが土星へとつながると、プロフェッショナルとして通じるようになります。さらに土星から天王星へとつながるとフリーランスとして、ひとり立ちも可能になるでしょう。天王星のビジョンを土星に落とし込めれば、現実の成功にも結びつきます（地に足をつける、グランディングは土星と関係があります）。土星を飛ばしてしまい、月や太陽と天王星がつながってしまうと少々、厄介です。独立というビジョンだけが先走り、土星という実力や仕事の実態がないのに開業してしまうこともあるからです。

天王星の意識は、ほかの惑星と連携していないと、ビジョンだけで終わってしまうことがあります。風変わりな発言が目立ち、協調性がなさすぎると周囲から敬遠されることもあります。でも、太陽、土星、天王星が連携し、どの意識もバランスがいい人は、個人として完成されてきます。土星がもうけた慣習や役割の型を破るので、女性でもユニセックスな発想を持つでしょう。天王星意識の強い女性は、仕事だからと女性性を抑えすぎることも、逆に女を売りすぎることもありません。私の周囲でこのレベルの女性は、40代で事業をしているようなタイプです。たとえば、東京でマーケティング会社を経営している年上の女友達。かわいらしさも、鷹揚さもあるいて座さんですが、とてもしっかりとしていてポジティヴ。ビジネスクラスで海外に飛んでしまうカッコいい人です。いつも自分の心と頭で物事を判断しますし、自分の足で立っています。そんな彼女ですから、個人でありながらクライアントは大企業ばかり。日本を代表する企業や大手広告代理店でも彼女のマーケティング分析を求めています。

CREATIVE WORKING CLASS

今までの日本は土星の枠組みがしっかりしていたので、体制や長のもとにみなが集合して、群れのように動いているところがありました。窮屈なところはありますが、お互いに寄りかかることもできる。いいところもいっぱいあったと思います。それに対して、天王星意識まで行った社会とはどんなものなのでしょうか。

数年前、「CREATIVE WORKING CLASS」と呼ばれる自由に職や住まいを変える層がアメリカで増えていると聞いて天王星を連想しました。ひとりひとりがハートの声を聞き、職能を研鑽し、自分の頭で考えて動けるようになる。太陽、土星、天王星の意識が育てば、自由でいてプロフェッショナルな集団ができる。男女の役割分担、年齢やポジションによるタテ意識を超えて、独立した人たちが企画ごとに集まって仕事をするようになれます。それが天王星的な意識まで到達したワーキング・スタイルだと思います。

この働き方を知ったとき、天王星が守護するみずがめ座に火星がある私は、とてもワクワクしました。最近の私も、ノート・パソコンひとつで世界中どこでも仕事をしてしまいますが、こうしたノマド・ワーキングもとても天王星的です。土星意識にとどまってしまうと、地域や会社にコミットし、時間を提供した対価としてのワーキング・スタイルの発想から離れられなくなります。土星の発想だけでいるとがんばり続けてしまい、燃え尽きることもあるかもしれません。

天王星的なライフスタイルは、以前なら根なし草のように思われたかもしれませんが、変動の激しい現代では実は案外、安全な働き方かもしれません。どちらがいいということではない、土星意識とともに天王星意識も育てることで、人生の可能性は広がります。

天王星による転機・私の場合

天王星が支配するのはみずがめ座ですが、生まれたときのホロスコープで、みずがめ座11度に火星があり、てんびん座の天王星12度とぴったり調和している私は、天王星の影響をとても強く受けるようです。天王星のトランジットのイメージがつかみやすいかもしれないので、私の天王星ストーリーを振り返ってみましょう。私が生まれたとき、天王星はてんびん座にありました。現在はおひつじ座にあり、やっとゾディアックを半分、来たところ。天王星の公転周期は約84年。ひとつの星座を約7年とゾディアックをゆっくり動く天王星は、生まれたときの天王星と今の天王星が90度になるタイミング、１８０度になるタイミングを重視します。

生まれたときの天王星に対して90度になるのは、誰にとっても21歳前後。１８０度になるのは、誰にとっても42歳前後になるわけです。21歳前後は、多くの人が社会に出るタイミング。私がはじめて海外旅行をしたのは成人式の頃ですが、その頃がちょうど生まれたときの天王星とそのときの天王星が90度のタイミングでした。天王星は閉ざされた空間を開くので、はじめてのパリがあまりに楽しくて、「どうして普段の生活でも旅をするように楽しく暮らせないのだろう」「旅するように自由に暮らしたい」というのがテーマになりました。

大学進学までは、「本当は、日本女子大の住居学科とか文化服装学院とかがおもしろそうだけど、偏差値が高いようだから早稲田を選んだほうが就職には有利かもしれない」「美大の予備校なんてお金がかかるから、うちでは反対されるだろうなあ」と安全なほうをつい選んでしまっていました。世界の狭さや自信のなさから来る偏差値的な発想がまだあったのです。旅の経験もあって、「好きなことを仕事にしよう」と決意したのが22歳の秋。このときは、生まれたときの天王星を火星や木星が刺激していました。大学3年でバブルが崩壊したのも、大きな会社にこだわらず、小さな編集部でがんばろうと思うきっかけとなり、今考えるとラッキーでした。

天王星が支配星座であるみずがめ座に入ってすぐの1997年には、はじめての転職をしました。みずがめ座が象徴するインターネットや携帯電話によって、空間に縛られないワーキング・スタイルが一般にも浸透し始めた時代でした。ワープロからパソコンへ、携帯電話へと自分自身の世界が広がった頃です。このときの転職先は、新聞社資本が本国と契約した海外提携誌。上下の感覚も、国の内外の感覚も取り払われたような編集部で、とても天王星的でした。1998年には海王星もみずがめ座に入ったので、さらに火星が刺激され、イギリスに短期間、滞在したこともあります。海王星がみずがめ座を去ったのは2011~2012年にかけて。海王星の刺激のおかげで、フリーランスになるという冒険ができたのかもしれません。

30代には、天王星がうお座に入るとほぼ同時に退職を決意しました。無意識に、天体の影響を受けていたのだと思います。うお座のＩＣ（精神的な居場所）にやってきたので、うお座の象徴する海によく行くようになり、長く住んでいた中央線を離れ、東横線や山手線に引っ越し、さらに天王星がうお座を去る頃には沖縄に拠点を移してしまいました。20代が会社に縛られない天王星意識を学んだとしたら、30代は、土地に縛られない天王星意識を学んだような気がします。そうやって、自分が活動できる環境の横幅を天王星で広げながら、ものを書いたり、誌面を作ったりという土星の本質を育ててきました。そして、42歳前後は、私にとっては来年になるわけですが、42年間で天王星意識をどれだけものにできたか問われるタイミングになるのでしょう。

♆ 海王星のレッスン

境界を曖昧にし、イメージを広げる

海王星のもたらす情報は、ガスのようにぼんやりしたイメージのかたまりなので、海王星に対するアンテナが優れていないと受け取れないかもしれません。ひらめきとして一瞬、受け取ったとしても、理解できなければ、本人が「そんな夢のようなこと」と片づけてしまうかもしれません。木星や土星による情報は、もう少し受け取りやすいものです。海王星や天王星が通過した段階で受け取ったイメージや直観を信じ、実行できる人がビジョナリーとして時代を作っていきます。

境界を曖昧にするので、扱いは少々、厄介。私の場合は、1ハウスに海王星と木星がぴったりと合していています。木星と合なので健全に働くのですが、人の投影を受けやすく、境界を越えて侵入されやすいという悩みがあります。セッションでなくても、初対面の人に悩みを打ち明けられることがたびたび。心の用意がないときには相手のエネルギーを受けてしまうこともあるので避けたいのですが、無意識に相手の懐に飛び込んでしまうのかもしれません。海王星は育てるという感覚がつかみづらいのですが、想像力でもあるので、映画をたくさん見る、音楽を聴くなどして、芸術的な感性を磨くのはよさそう。また、人やものとの境界を曖昧にすることから、アルコールや人間関係への依存が生まれることもあります。

♇ 冥王星のレッスン

先祖の価値観を持ち込む

冥王星は、ひとつの星座に約14～16年も滞在するので、冥王星が同じ世代は、深いところで同じ価値観を共有していることになります。それは、普段は意識していない、集合的な潜在意識なのです。普段の生活で要らないものを押入れに入れてしまうように、ホロスコープ上の冥王星には、あなたが見ていないものがたくさん詰まっています。

生まれたときのホロスコープ上のアセンダントや太陽、月などに冥王星がやってきたときも、自分の潜在意識と向き合うことになります。まるで魔法のように、自分の家系にくり返し起こる人間関係や仕事のパターンにハマることがあります。過去生の存在を信じられない人も、冥王星のトランジットの影響を実感すると、考え方が変わるかもしれません。冥王星は、育てるというよりも、向き合う星。あなたが意識できずに持っているものをきちんと見つめていくことなのです。

私はもともと冥王星が太陽や金星とコンジャンクションで、アセンダントへの冥王星のトランジットも、太陽・金星・冥王星とのスクエアも経験し、その抗えない感じというのはわかっているつもりです。その錬金術のようなプロセスがなければ、「早稲女」の私が星占いを書くようになることもなかったと思います。海王星もそうですが、冥王星も人の一生でゾディアックを経験できないので、過去生からの引き続きのテーマを行うのではないかと考えることもあります。輪廻の秘密も冥王星にあるのかもしれないと、そんな役にも立たないことを徒然に考えるのが好きな私です。

プラネット・レッスンのまとめ

★210ページのリストで、あなたの太陽星座への土星回帰の時期を探してください。記憶のある年代で経験したという人は、そのときあったことを振り返ってください。あなたがアイデンティティにしてしまっている外側の地位や肩書きは何だと思いますか。それまでのあなたの太陽意識とそれからでは何が違うでしょうか。

★あなたの21歳前後は何がありましたか。あなたのなかの天王星意識はどんなものでしょうか。21歳前後、42歳前後の天王星が作る角度は、あなたにどんな変化をもたらしていますか。あるいは、もたらすと思いますか。イメージを広げてみてください。

LESSON 3

見つけたいあなたの「おはなし」

「Ｓａｙａさんの人生のおはなしが素敵なので、うらやましい」と真顔で言われて、驚いたことがあります。ずっとお話ししてきたように、人生のすべてが決まっているわけではないので、自分で好きな「おはなし」を書いていいと思うのです。ご両親がセレブでお金持ち。自分自身も美人で人気者。そんな少女マンガのような設定は無理でも、日々の小さな幸せを紡ぎ、素敵な出来事を呼び寄せることは誰にでもできます。

もちろん、「少女ポリアンナ」のように、現実を見ないで〝ポジティヴ・シンキング〟に夢中になることではありません。天使がなんとかしてくれると明るく強いストーリーを描いて、ぼんやり待つこととも違います。家の土台が白蟻に食われていたら何をおいても工事を頼むでしょうし、台風のときは、できるだけ家のなかでじっとしているでしょう。でも、そんなときにも暗闇のキャンドルの炎に安らぎを見出すことはできる。余裕ができたら、引っ越しをするなど現実を変えるために動くこともできる。人生の嵐に見舞われたときにもできることはあるし、そもそも、人生に白蟻が現れる前には必ず兆候はあるもの。そのとき、「何かおかしいな」という身体感覚や直観を無視しないことです。

あなたの「おはなし」を素敵にするのも、つまらないものにするのもあなた自身。自分ではたいしたことがないように思えても、どんな人の人生にも、おもしろいところも、独特なところもあって、「その人らしさ」というのは必ずあるものだと思います。ただ、美的センスがありすぎても、自分の「おはなし」が素敵に見えるかどうかを考えすぎて、ハートの望みであっても却下してしまうこともありますね。ここでは、自分らしさや喜びを失わずに、自分という土台と時代を取り混ぜて、「おはなし」を編むことを考えてみたいと思います。

★★★ 時代を映し出すワーキング・ガールの悩み

リーディングにいらっしゃるのは占星術に興味があるとか、自分の可能性を知りたいという方と悩んでいる方が半々くらいでしょうか。前者は、好きなことや興味のあることをがんばっている人たち。すでに太陽を見つけているので、顔つきからしてとても明るい。星の通りに人生が展開していくので、読むのも簡単です。

後者も、心療内科に行くほどではなく、そのとき感じている壁を破るために客観的な意見も聞いてみたい、自分の立ち位置を知りたいという理性的な方たちがほとんど。普段から友達にも弱音を吐かないので、私という触媒によって星のエネルギーに触れて、本音を漏らしてしまうのだと思います。しだいに、彼女たちの悩みは、「こうあるべき」とその人が思う通りに人生が展開しないので生まれるのだとわかってきました。悩みが深い人というのは現実を受け入れる力が弱いのです。「理想と現実の距離を知る」センスがあるといいのになとよく思います。どんな悩みが多かったのか、ご紹介します。

「私」とつながらず燃えつきる

リーディングを始めて驚いたのは、ご両親や先生の期待に応えようとしてきた人がとても多いこと。彼女たちは、大人になっても、「私」を出すことをわがままだと感じるため、役割を生きて燃え尽きてしまうのです。こうした方たちは、「コツコツと積み上げた資格」で「社会の役に立とう」とする共通点がありました。とてもやぎ座的な発想ですが、ご相談も、やぎ座に冥王星と木星が入った2008年頃に目立ちました。

★医療系のナイチンゲールたち

医師や看護師など医療従事者は人のためになりたいという優しい人たちですが、小さい頃から周囲の期待も大きく、自分で人生を選んだ感覚が薄いことから、余計に燃え尽きてしまうようでした。癒すはずの側がとても疲れていて、ストレスから生理不順や婦人科系の病気も当たり前でした。理想に燃える20代はいいのですが、体力の衰えとともに方向転換を考えるようになります。大学病院の勤務医などでトレーニングをした人でも、30代半ばから小さなクリニックに移るなどして自分の時間を作れるようになると、ハートの満足が得られるようでした。30歳前後の土星回帰から、30代前半にかけてが医療従事者のターニング・ポイントのようです。

でも、まじめな彼女たちにとっては、両親や患者さんなど他者への期待に応えるのではなく、自分を大切にするというレッスンがとてもむずかしいのです。ハートでは代替療法などを組み合わせて統合医療を試したいと思っていても、なかなか踏み出せないという人も目立ちました。なぜか「海外で暮らしてみたい」という潜在的な夢を持つ方が多いので、資格を所持していることを活かし、ときどきリフレッシュ休暇を取るなどして、ゆっくりとキャリアを続けるのがいいように思います。

★教育系のマザー・テレサたち

教職や心理療法士など子どもに関わる仕事をしている人は、インナーチャイルドが苦しんでいることがよくあります。自分を投げ出すようにして、子どもたちやクライアントに対し、与え続けようとしますが、本当は、その人自身の内なる子どもが同じことをしてほしいのかもしれません。子どもの頃の自分と同じ、苦しい環境にある子どもに思い入れる傾向があれば、まだ自分自身に癒しが起こっていないのかもしれません。人を助けることで、自分自身が癒されることもありますが、与えすぎると燃え尽きてしまうものです。

月が痛んでいることから、自分を肯定できずに自己証明のために大きなことをやろうとしてしまうと、無私の行為ではなくエゴになってしまいます。このタイプの方にお会いするたび、大勢の子どもたちを救う前に、自分のなかにいるインナーチャイルドを暗闇から救出してあげられたらいいのになと思います。その子どもは、心の押入れのなかに閉じ込められたまま怖がって泣いているかもしれません。「自分がしてほしいこと」はまず自分にしてあげましょうね。こうした方にはなぜだかマザー・テレサに憧れる人が多いのですが、マザーも人間ですから、本当は寂しさやストレスを感じるときもあったかもしれません。無理をしてすばらしい人になろうとしなくてもいいと思いませんか。奉仕を続けていれば、もしかしたら人生の最後にマザーになれるかもしれない。でも、今はありのままの自分でいればいいのではないでしょうか。

★学校や資格、メディア。誰かの言うことに頼ると……

「私」とつながっていないと、メディアの情報を鵜呑みにすることがあります。メディアは、約1年で動く木星、約2年半で動く土星などの影響をダイレクトに受けています。プロデューサーや編集長などのトップやメインのクライアントが変われば、媒体の方向性も変わるので、同じキャスターやタレントでも、数年でまったく違うことを言います。当然のことながら、受け手が情報を選びとる姿勢が必要です。セッションでよくあったのは、「これからは弁護士だ」「院に行って研究だ」「米国の公認会計士だ」という情報を信じてその道に進み、自分に向かない勉強をして燃え尽きてしまうケース。米国の公認会計士をめざして上京し、ひとりでがんばった挙句、ボロボロになっていた女の子の表情は、今も思い出して胸が痛みます。努力は素敵なことですが、自分の本質や体質に合わないがんばりはものにならないのです。

ビジネススクールや起業コンサルティングに頼る女性たちも同様です。「これからは起業だ」というイメージだけでビジネススクールに行き、卒業してから何をするのか考えてもそう現実は甘くないもの。スモールビジネスで成功している人は、先にアイデアがあるものです。もう10年以上前、防腐剤や香料の入っていないビオワインを広めたいと輸入会社を立ち上げた男性の講演を聞いたことがあります。長年、ワイン業界にいらして表裏を知り尽くしていたので、無理なく成功されたようでした。でも、「ビオワインがいいようだから、自分もやってみよう」とビジネススクールを出ただけの人が今から手を出しても成功はしないでしょう。女性のなかにはこれまでのキャリアが秘書や事務などデスクワーク中心の方も多いものですが、そこから、いきなり「起業」に飛ぶのは無理があるように思います。

「人生に失敗はない。どんなことも学び」と言っても、こうした学びを何度もやるのはリスクが大きすぎます。なりたい目標が現状と大きく乖離しているのに、短期間でがんばろうとすると、目的地までの傾斜はきつくなります。「私」とつながっていない人ほど、大きな理想や目標を掲げ、がんばりすぎて燃え尽きるパターンを何度もくり返してしまうように思います。自分らしいペースでやればいいことを忘れないでくださいね。

憧れの「私」に左右されてしまう

「私」とつながっていない人に対し、「私」というイメージがありすぎてもバランスが悪いもの。2010年からおひつじ座に天王星が入っている影響で「自分」を考えすぎ、バランスを崩してしまう人は増えています。その人の本質とつながっていれば、人生は自然と展開するのですが、「私」というイメージに左右されている状態は、「私」という本質がないことの裏返しです。宙ぶらりんななかにトレンドを上書きしてしまうと、ご本人が苦しくなります。承認欲求が強すぎるときは負荷がかかりすぎていて、自然な状態ではないので、がんばりすぎて燃え尽きてしまうことになります。ここでは、「私」のイメージに悩んでいる例をご紹介します。

★アーティストのイメージに憧れる

本当に好きなことをやっているとき、ある程度お金がまわっていれば十分と思えるもの。でも、そこに評価を焦る気持ちがあれば、そもそも太陽と思っているものが違うのかもしれません。たとえば、「小説家になれますか」と言うので「何を書いていますか」とお尋ねすると完成したものがないと言います。世に出すアテがなくても書いているなら、まだ可能性がありますが、これでは何とも申し上げられないもの。自分に向いているものがすべてわかってから動こうというのはちょっと虫がよすぎるように思います。どうして自分の人生なのに手をかけることを嫌うのか、ときどきふしぎに感じる点です。またシナリオ・

ライター、字幕翻訳家、作詞家などの夢をお話しになる場合、ご本人が「夢を持っている」ことに安心している例がよくあります。メディアのなかで素敵に輝いている方たちの表面の姿に憧れているだけなのかもしれません。夢を持つのは悪いことではないのですが、それが現実を見ない原因になっているともったいないもの。他者になりたがるのではなく、ご自身のなかにある原石に目を向けてほしいと思います。

★競争から降りられない？　研究者という職業

お話をしていて頑なさを感じるのは研究職の女性です。論文を書くのは苦しくても、好きなことが研究できて喜びもあるという人は、ポジションも順当に得ているのですが、現実には就職の代わりに院に進んだ人も多いようで、何がやりたいのかご自身でもハッキリしないことがけっこうあります。何十人とお会いするうちに、ポスト争いや書き続けなければいけない論文など、研究職の女性を取り巻く環境の厳しさもだんだんにわかってきました。幼い頃からの「頭がいい」「よくできる」という評価を得るために、競争を降りられなくなっているのを感じます。研究に向いていそうなホロスコープの持ち主でも、がんばりすぎから、エネルギー切れの状態になっていることが多いので、もっとリラックスして女性性を取り戻していただきたいなと思います。マイナー言語や文化研究をやっている方などは大学に残るよりも、その国に住んでしまう手もあります。研究は大学だけでするものではないと割り切れると楽になれるようです。

★やりたいことがないのに、フリーランス？

２００９年から２０１０年頃、独立のご相談がよくありました。でも、話を聞いてみると、さほど具体性がなく、ぼんやりと考えているだけだったりします。「やりたいのなら本気になって、しっかり準備をして」とお話しすると顔が曇ってしまうことが多く、こうした方のほとんどは結局、会社を辞めることはありません。２００９年、木星はみずがめ座を刺激していましたし、２０１０年にはおひつじ座に一時期、天王星とともに滞在していいます。みずがめ座のフリーランス志向、おひつじ座の自営志向が強まる星まわりだったのかもしれませんが、しだいにイメージだけで憧れているのだなあとわかってきました。

「親や社会の言う通りに生きるだけでは幸せにはなれない」と気づき、一歩、踏み出すのは素敵なことです。でも、ゼネラリストの会社員として輝く人もたくさんいますし、すべての人が会社を飛び出し、フリーランスになる必要もないのです。やりたいことがないのに形だけフリーランスに憧れるのは危ないこと。それではなんとなく会社に入るのと変わらないですし、組織という母体がないぶん、「なんとなくフリーランス」を上書きするほうが危険です。

もちろん社会を見渡して、自分に合う仕事の形がなければ、自分で仕事を作る発想は必要ですが、まるきりの白紙で飛び込むのは老婆心ながら心配です。こんなことを書くのも、時代のアイコンとして、「フリーランス」が取り上げられたりすると、その手のご相談が増えるかもしれないと想像がつくからです。ソーシャル・メディアやインターネットはツールであって、仕事力とは関係ありません。リスクなくできることは挑戦したらいいのですが、本当のリスクは少しずつ取ってほしいなと思います。その人らしい精神があって、その表現としてマルチな活動があるのが本来のあり方。何にでも手を出して、「マルチに活動すること」自体が目的にならないように気をつけたほうがいい時代だなと思います。

☆☆☆ 世間の「おはなし」より「私」の本質とつながる

ワーキング・ガールの悩みからは、「私」の本質とつながること＝「私」を生きることを自分に許していない人が多いことが見えてきました。なぜここまで「私」を持つことに抵抗があるのかと言うと、冥王星による世代間のギャップを感じます。冥王星は、私が生まれた翌月、1971年の10月にはてんびん座へ移り、一時期をのぞいて1984年の8月まで、てんびん座に滞在していました。2012年現在では、土星への土星回帰を迎えている「アラサー」世代から、「アラフォー」世代直前まで30代のほとんどがてんびん座に冥王星を持つことになります。てんびん座に天体がある人は、他者とのつながりを大切にしますが、てんびん座冥王星となると、「つながらなければ怖い」というような恐怖に近いものになることがあります。またてんびん座は、「真ん中」も求めるので、ほかの人がしていないことを避ける傾向もあります。他人とはスマートに距離を取りたい、素敵な人に思われたいといったてんびん座の性質が強まるので、この世代によって、モードやメイクもずいぶん進化しました。このてんびん座冥王星世代に対し、やぎ座の冥王星が緊張の角度をとる時代は2024年まで続きます。この間、この世代は、「人に合わせなくてはいけない」「変わらない日々がずっと続く」という価値観を手放す必要があるのです。

冥王星は、潜在意識の領域を象徴します。あなたは東京で生まれ育ったとしても、あなたのひいおばあさんは農村で周囲に合わせないと生きていけない環境に生きていたら、その潜在意識が残っているかもしれません。生まれたときの冥王星は、先祖も含めたあなたが長年、押し入れに放り込んできたもの。今の冥王星が緊張の角度にやってきたときに、外に飛び出してくるのです。でも、冥王星が悪さをするわけではないので、そのときはつらくても、後から考えたら、生きるためには必要だったと思えるようなことです。

「みんな」に合わせた生き方をしていると、「私」というものがわからなくなってしまうもの。この本でずっと書いてきたことも、星を通して、「私の本質とつながって、私を育てて、私になる」ということでした。多くの日本人が「私を出すことはいけない」と思い込んでいる「私」とは、「我」＝エゴだと思うのです。昔から日本人がコミュニティ全体で生き、強い人が弱い人を思いやって、支え合って生きてきたのはすばらしいことですが、それだけでは苦しくなっているのが今の時代です。

ここで、人生の転機にある方からのメールをご紹介します。地方在住、シングルの40代。セッションから3か月後のものです。

ご迷惑かと思いましたが、近況報告をさせていただけたらと思いメールいたしました。セッションを受けさせていただいてから、主体的な人生を送るためには？　自分にとって居心地の良い場所とは？　など、少しずつですが考えるようになってきました。その機会を与えていただけたことに大変感謝しております。セッションのときに勧めていただいたのは家の購入でしたが、なかなかいい物件も見つからないし、今勤めている会社もボーナスが出なかったりと今までのようなお給料をもらえなくなってきています。

働くことと住む場所について、今までのサラリーマン的発想では通用しない時代がきているのかもしれませんね。それでも自分にとってハッピーな暮らしとは何かを諦めず、じっくりと考えていこうと思っています。瞬発力がないので45歳ぐらいまでには……と思っています。とりあえず住みたい場所は○○と決めたので、まずは、××のアパートから○○のアパートへ引っ越すことに決めました。
最近、思い始めたことは、仕事としてなのか趣味としてなのか、5年後なのか20年後なのかわかりませんが、「植物の力を借り、人々とともに楽しむ何か」をいつか形にしたいということです。その何かを見つけ出すために何をしなければならないか、毎年、テーマを決め取り組んでいけたらと思います。そのテーマを決めるのに、「自分の心と星に問いかける」なんてことができたら、なんだか素敵だなと考えるようになりました。教えていただいた「プログレスの新月」が近づいてきている今、なんとなく近況報告をしたくなりました。

このメールをいただいたとき、「お話ししたことが通じている！」と嬉しくなりました。セッションのときの彼女は、とても落ち込んでいるようだったから、なおさらです。自然のなかに住み、山や高原を愛している彼女のメールから浮かんだのは、イギリスのスコットランドにあるフィンドホーンというスピリチュアルなコミュニティです。「フィンドホーンに行ったらどうか」とお返事したところ、彼女はフィンドホーンを知らなかったそう

ですが、さっそく調べてみて、とても気に入ったとのこと。今年は休みが取れないので間に合わないが、今年から英語の勉強を始めて、来年の夏にはイギリスにひとり旅をしたいというメールが来ました。セッションの後も、彼女のように自分と語り合い、つながる時間を持つことができると、どんどん運がよくなっていきます。「自分の本質を生きていいんだ」と許可を出せた彼女がこれからどんな風に変わっていくのか、とても楽しみです。セッションを通じて、エイジングの不安のワナから抜け出してくれた彼女。素敵なのは、実現までに時間をかけようとしていること。時間をかけないと本質とはつながれませんし、本質とつながっていない自己実現は「我」になることが多く、人の「おはなし」を持ってくることにもなりかねません。でも、内から生まれる「おはなし」は、人生がどんな状況にあっても輝きをもたらしてくれることを、彼女の例は教えてくれます。

自己実現をめざす発想は、やぎ座冥王星のひとつ前、いて座冥王星時代の発想です。怖いのは、外面的な達成をめざすだけのラットレースになってしまうことがあるからです。それではいつまで経っても幸せは感じられないでしょう。一時期、セッションで「心の満足度」を尋ねていたことがあります。60～70%と書く方が多いのですが、このくらいの満足度だと力を温存しているので楽しくなさそうです。20～40%と書く方は、「私」を抑えすぎているので苦しくなっています。あなたの星を100%生きようとすれば、満足度は上がります。

彼女の言う「自分の心と星」に問いかけること。それができるようになると、閉じていたハートの扉が開き、フローが流れ始めます。おひつじ座の天王星ややぎ座の冥王星、てんびん座の土星……今の星たちがこんな荒業をしかけているのも、人間たちが長い間に作り出したハートの壁や思い込みを壊そうとしてくれているのかもしれません。そのため、ハートの扉が今まさに開かれようとしている人がとても多いのです。彼女のように自分の心に語りかけ、自分らしい人生を作る感覚を持つこと。ハートの声に耳を傾けることが「私という本質を生きる」こと。そこまでできるようになれば、もう占星術もすがるものではなくなるはずです。

「いい大学を出て、いい会社に勤めるのが幸せ」という世間のおはなしを離れたとき、心の望みに合わせて、自分にとって心地のよい生活を作ることにやはり幸せの鍵があると思います。私という本質は人によっていろいろ。自分の本質とつながっていれば、人と違う生き方をしてもいいのです。そして、自分らしいライフスタイルを作るには、「好きなこと、興味のあることを職業にする」ことが早道です。

おとめ座の私は、幸せを作るのは「毎日の時間」の過ごし方にあると思っていますが、長年の取材でも、やっていて苦にならないこと、好きなことをしている人のほうがハッピーなのは明らかでした。もちろん、それは嫌いな作業を飛ばし、好きな作業だけをやることではありません。好きなことに、苦労も覚悟で取り組むということです。はじめは仕事にしようと焦らなくてもいいのです。好きなことを掘り下げていけば、それがその人の本質という水脈にぶつかります。私の場合は「ライフ」でしたが、「人が仲よくしているのを見ること」という人もいるかもしれません。ある人がルネッサンス期のヨーロッパに興味があったとして、それを掘り下げると、「いいものを復興させること」が本質だとわかるかもしれません。「掃除が好き」で、ハウスクリーニングの会社を興した人に取材したこともありますし、「数字に強く、人のお世話が苦にならない」なら、税理士になるというようにさまざまな道があります。

169ページの「お金をもらわなくても、やっていること」もそうですが、仕事のなかでもつい手をかけてしまう部分は、あなたの本質につながります。逆にめんどうに思い、雑に扱うところが多ければ、それは近いようでいて、本質とズレた仕事をしているのかもしれません。才能は、外にあるんじゃない。あなたが手を抜けない部分にこそ、宝ものが眠っています。

★★★「私の本質を生きたい」と変化を望んだら

せっかく「私の本質を生きたい」と思っても、「このままではいけない」と人生を変えようとすると、違う筋をつかんでしまいます。直観はささやくような声ですし、ハートの望みは焦らないのですが、焦っている人はピリピリしているので、聞いていると違和感があるもの。たいていの場合、どこかに「認められていない」という疼きがあって、それが承認欲求につながっています。壁にぶつかったときほど自分を肯定し、喜びになる選択をしたいものですね。コンプレックスや自己証明を動機にしないで生まれた選択は、きっと本当の喜びになるはずです。

自分らしい選択のヒントになる星のお話をここでしておきます。それは、2011年から2012年にかけて、うお座に入った海王星。これからの時代はみずがめ座時代の合理性ではなく、うお座の芸術や奉仕の精神、ビジュアルの力が再び重視されるでしょう。人を動かすのがお金や合理性ではなく、「夢や理想、希望」になるのです。ここで語られる理想が形になるには土星がうお座に入り、海王星とコンジャンクションになる2023年から2024年を待たないといけないのかもしれません。でも、今はまだぼんやりしたインスピレーションでも、自分のなかにあるうお座海王星の理想のビジョンを大切に育てられると、実現の可能性がおおいにあるでしょう。

海王星はうお座の守護星であって、境界を曖昧にします。最近、物事のつながりが早いように思うことがありませんか。同じことを考えている者どうし、センスが同じ者どうしは、集合的な意識が水面下でつながりやすくなっているように感じます。同じドキュメントを共有しているようなイメージですが、何かアイデアがあるとそこに放り込んでおけば、アクセスが自在にできるのです。近くにいる人どうしも考えや思いが伝播しやすいかもしれません。またエネルギーが違う者どうしが接したときには、水と油のようにぶつかり方も激しくなり、弾き飛ばしてしまいます。人と人との想いの境界が甘くなっているのです。

さらにインターネットもあるので、実現のスピードは速くなります。シンクロニシティ（意味のある偶然）は、今までもありましたが、さらに頻繁に起こるようになるでしょう。

私がシンクロニシティを重視するのは、単なる偶然に喜んでいるわけではなく、同じときに同じことを考えている。エネルギーが同じなので、物事が上手く運びやすい「しるし」として受け取っているからです。これからは、水星意識にフォーカスしている人は水星意識の人と、金星意識にフォーカスしている人は金星意識の人と引き合うことになるはずです。ハートが開いている人はハートが開いている人どうし、センスがいい人はセンスがいい人どうし、運がいい人は運のいい人どうしで知り合うし、運がいい人と運がよくない人は離れていく……そんな時代になるという感触があります。変化をしたいと思ったとき、外側に助けや答えを探しても依存になるし、また接点がないので、人を変えようとするのもむずかしくなる。誰でも自分のやるべきことに取り組み、自分自身をケアすることでバイブレーションが上がり、いいものを引き寄せられるようになるはずです。

「私の本質を生きる」ことが求められ、「物事の伝播が速くなる」時代。マニュアルではなく、ひとりひとりの価値観やセンスが問われる時代。「私という本質を生きる」ことに関しては、やぎ座、みずがめ座、うお座を天王星が通過したこの20年、天王星の意識を育ててきたかどうかが問われています。天王星がやぎ座にある時代に、日本にかぎらず世界に意識を向けたか、天王星がみずがめ座にある時代にインターネットやモバイルツールと関わってきたか、天王星がうお座にある時代にスピリチュアリティに関心を持ってきたかと言ってもいいかもしれません。１９９０年代、２０００年代の20年に、天王星意識をものにしてきた人は、英語を自在に扱い、ＩＴもわかって、魂や集合意識などにも理解があるような人物になっているかもしれません。そんなにパーフェクトな人物はあまりいないものですが、それ以前の土星意識にとどまってしまい、天王星意識を持たずに生きてきた人ほど、２０１２年の今、苦しさを感じているように思います。地域や伝統を大切にする土星的な生き方は素敵なのですが、現代をサバイバルするには、グローバルな天王星意識とローカルな土星意識の両方を育てる必要があるのです。

２００９年から２０１２年にかけて、一時期をのぞいて土星が選択の星座であるてんびん座にあり、誰にとっても、「やるか、やらないか」という選択の時がありました。この間、おひつじ座に入った天王星は、「速く、速く」と言い、やぎ座に入った冥王星は不安の正体を見るように言っています。そして、２０１２年10月からは、土星がコミットメントの星座であるさそり座に入り、「本分をやる」ことが求められています。今までは自分の心をごまかせたとしても、誰もが向き合わざるを得なくなります。天王星がもたらすエッジィな意識は、完成までに84年かかるようなものですから、ショッピングのようにお金を払えば、すぐに完成形が買えるものではありません。おひつじ座に土星が入るのは２０２５年から２０２８年にかけて。２０１２年に「私という本質を生きる」ことに取り組み始めたとしても、納得できる形になるまでに、まだ木星がひとめぐりするくらいの時間がかかるかもしれません。変えるだけならある意味、簡単ですが、長く続けられなければ意味はないのです。受け取っているビジョンが大きいほど、「早く始めて、プロセスに時間をかけて、結果を焦らない」で行ってくださいね。当然のことながら、「遅く始めて、準備に時間をかけられないので焦る」になるといい結果は生まれないものです。

それでも、２０１２年の今、自分なりに天王星意識を育て始めることは大切です。今までの日本のよいところ、そして自分のよいところも生かしながら、世界に自分を開き、「イエス」ということ。少しずつでいいのでリスクを取り、自分の心に正直になること。会社も、肩書きも、生まれも取り払ったところで、「私」という存在で魅力を作ること。新しい価値を作り出すことが求められている時代だと思います。

☆☆★ 星と語り合い、自分を忘れないでいる

子どものとき、大人の世界は霧のなかにありました。未来をイメージしてもぼんやりとしていたように、月の意識でいると金星意識も、太陽意識も、本当にはわからないでしょう。でも、あなたのなかで星が成長し、すべての天体意識への理解が深まってくると、人間への理解も増し、たくさんの人があなたに心を開いてくれるようになります。

「星を知る」とは、あなたの心のなかにある泉とつながること。「星を育てる」とは結果や達成を急ぎ、プロセスを縮めるのではなく、プロセスを味わうこと。早く目的地に着こうと焦るのではなく、道中の眺めも楽しむこと。人生の旅が進むとともに星たちが統合されてくると、あなたのなかにある星々は森のように、あるいは楽団のように、有機的なハーモニーを奏で出します。

目に見える達成を急がず、「ほかの人と比べること」「勝ち続けること」「人からどう思われるか」を手放すと、人生の可能性は広がります。「星を知る」ことで自分とつながれば、自分にとって心地いい生活は、すぐにでも始められます。それはきっと自分だけのニルヴァーナ（涅槃）。心身に無理のない生活であれば、肩の力を抜き、リラックスできるので、「星を育てる」という人生のプロセスも楽しめるようになります。「今の会社を辞めたい」「違

う土地に住みたい」というのがハートの願いだとしても、先ほどの3つを手放せば、たいていの場合は叶うものです。外側にあるものは手放しても、あなたが育ててきた星は心のなかにあるので、どこででも新しく始められるのです。

もちろん、今、引き受けている役割や責任をすぐにはやめられないときもあるでしょう。でも、どんなときも、「私」とつながることはできる。「私」を忘れるほうが楽に思えるようなときでも、本当は違うもの。私がお会いしたなかで苦しんでいた人というのは、みんな自分とのつながりを忘れてしまっていました。どんなにつらいときでも、「私」の本質とつながることだけは忘れないでいただきたいなと思います。

「さや」という言葉には、豆のさや、刀のさや、斎場（お墓）など、「魂が生まれてきて、また帰るところ」というような意味があるようです。それはきっと子宮のような「聖なる場所」。魂にとっての「聖なる場所」は、見えない世界なら、「私の心」になるし、物質世界なら、「私の部屋」になるのです。自分の部屋なら裸でいたっていいように、心のなかは自由で、ありのままでいいはず。つらい状況にある人にとっても、星の言葉やホロスコープは、心休まる「私が私に帰る場所」を提供してくれる。少し自分を見失ったときも、星と語り合う時間がまた引き戻してくれるのです。ホロスコープは、どんなときも自分を忘れないでいるために役立つツールになるはずです。

「ホロスコープを知りたい」と思ったとき、自分を知る旅、インナー・ジャーニーも始まっています。あなたの「おはなし」は、ホロスコープのなかに眠って、あなたを待っています。マニュアルでないあなたの人生の「おはなし」をどうぞ見つけてくださいね。

★エピローグ

この本を書いている半年間、星のことを考え続け、何を見ても「しるし」や「象徴」を探すようになってしまいました。頭がつねに回転し、世界を検索しているようで、何かと何かの間に自動的につながりを見つけ、ひとりで喜んでいるという具合です。2歳のときに、「今日の次は明日になるのね」と「時」を発見して喜んでいたと母に聞いたことがありますが、「時」が好きな私にとって、この半年は苦しくも楽しい、いつも異次元を旅しているようでした。同時に、占星術の世界は、私にとっては本当のことですが、エビデンスや客観性を求められると弱いので、どうやったらわかりやすく説明できるのか腐心しました。直観でとらえていることに言葉をつけるという作業はとてもむずかしいものですね。結局、コンピュータのプログラムができない人でもコンピュータは使うように、地球に住むということは占星術の世界観も受け入れたほうが幸せだし、生きものとしては強い。私は、そんな女子らしいシンプルな結論になりました。そもそも、今、世を支配している知識も、常識も、100年、いえ30年、50年もすると古くなるのです。占星術の世界が本当のことかどうかは、あなたの心が感じてくだされば、きっとそれ以上の証明の必要はないのです。

編集者時代から、著名人にかぎらず、市井の人たちの話を聞くのが好きでした。活字中毒で物語が大好きな私にとって、その人が「どんな人であるのか」を読み取ることは、本を読んでいるようなおもしろさがあるのです。特にリーディングをするようになってからは、両親や社会の価値観と自分のハートの望みが違うことで、たくさんの人が悩んでいることも知りました。無意識のうちに、「どんな生き方が幸せになれるのかな」と探していたのかもしれません。ハートの望みに従ったほうが心豊かに生きられることも実感するようになりました。

雑誌の1回の特集でインタビューできるのは10人が限度ですが、「Ｓａｙａ」の活動を通じて、同時代を生きる女性たちの心模様を徹底して取材したとも言えるかもしれません。誰に認めてもらわなくても、月や星に慰めを見出しながら、納期までに仕事を仕上げている女性たちは、いまや日本経済を支える存在です。健気な彼女たちをサポートしたいと思っているうちに、何でも徹底してやりたいほうなので、自分なりのホロスコープの読み方を研究してしまったわけです。読者の方たちの悩みをシェアさせていただいたのも、ほかの人が何に悩んでいるかを知るだけでも、「みんな同じだな」と安心する効果があるように思うから。私自身、不器用な生き方をしてきたなあと思いますし、とても人を啓発できるような器ではないのですが、生き方が下手な自分だからこそ、気づいたことがほかの人に役立つこともあるかもしれないと自分を励ましているところです。「いい子」なのも、「頭でっかち」なのも昔の自分ですから。

たくさんの人たちにお会いしてきて、今、言えることは、みんな悩んでいるし、ひとつだけの正しい生き方のマニュアルなんてないということです。これだけ社会が変容しているなかで「私」という揺らがない軸を持ち、本質とつながることが大切なのは、星を語らなくても誰の眼にも明らかなこと。2018年までのおひつじ座天王星時代、そして2024年までのやぎ座冥王星時代。社会の王道に合わせるのではなく、個としてのあり方を探る時代はまだまだ続きます。自分の「おはなし」が明確にないと、他者の作る「おはなし」に左右されてしまうもの。誰かが書いた筋書き、自分のものでない「おはなし」を鵜呑みにせずに、自分のハートと頭を使わないといけない時代だと感じます。その人の肩書きや地位、会社名ではなく、言葉に耳を傾けているでしょうか。

東日本大震災の後、生きている時間を精いっぱい遣いたいという声をよく聞くようになりました。無念の思いで亡くなった方のこと、今も被災地で、全力で生きる方たちのことを思うと、手を抜かずにていねいに生きなければいけないと誰もが思うのは当然のことでしょう。でも、その気持ちが焦りにつながり、地に足がつかない行動をしてしまう人もいるように思います。土星の力がしっかりと身についていないうちに結果を欲しがると、それがたとえやりたいことであっても、宇宙の調和を乱し、しっぺがえしをくらいます。その人らしさとは自然な成り立ちがあること。自然とは、天体のめぐり、月日のめぐりを経験しているものであることです。

この本を脱稿後、偶然、お会いしたのが還暦を迎える女性おふたりでした。ひとりは現役の小学校の校長先生で占星術が大好きなおとめ座さん。もうおひとりは日本女子大を出てお医者さまの奥さまになり、ふたりの男の子を立派なお医者さまに育てたという主婦の鑑のようなてんびん座さんでした。おふたりには、「早稲田を出て星占いを書いている」というお転婆な私の存在がかなり刺激になったようです。前者は男性性に寄った生き方、後者は女性性に寄った生き方を選択されたわけですが、どちらも「私」を抑えて生きてきたところがあって、「さあ、還暦で役割から自由になるぞ」というタイミング。おふたりともこれからをイメージして、少女のようにきらきらされていました。素敵だなと思いましたし、もし、引き受けている役割から急には自由になれないなら、彼女たちのように還暦を迎えてからでも遅くはないと思います。今、悩んでいる方は、あなたはあなたにしかなれないし、それが素敵なことなのをどうか忘れないでくださいね。身体の力が抜けて、あなた本来の軌道に乗れば、人生はぐんとスムーズに行くのです。

最後になりますが、ふしぎなご縁で作品を描いてくださることになったたいて座のアーティストの長谷川洋子さん。ウィーンとクリムトが好きなところで意気投合しました。そして、優しいてんびん座のデザイナー、プリグラフィックスの五十嵐ユミさん。ふたりのワーキング・ガールにお礼申し上げます。また筑摩書房のいて座の大山悦子さん、おうし座の金子千里さんには本当にお世話になりました。大山さんの「星を育てる」という着眼点と、同じ「早稲女」の金子さんの尽力がなければ、この本は生まれませんでした。
仕事をするときは太陽に、困っている人には月で優しい光を投げ返す。そんなふうに、あなたのなかの星を出し入れして、周囲に光を与えられる人になりますように。

２０１２年のおとめ座の新月の晩に　Ｓａｙａ

Saya（さや）

1971年生まれ。東京出身のアストロロジー・ライター。早稲田大学卒業後、インテリアやライフスタイル誌の編集を経て、2003年フリーランスに。現在は沖縄と東京を行き来しながら、文筆のほか、ホロスコープ・リーディングも行う。「エル・オンライン」でデビュー後、『エル・ジャポン』『美人百花』でも連載中。著書はほかに、『わたしという星になる 12星座のノート』（マーブルトロン）がある。 オフィシャルサイト www.sayasaya.net

人生《じんせい》について
星《ほし》が教《おし》えてくれること

for Working Girls

2012年12月10日　初版第1刷発行

著　者　Saya

発行者　熊沢敏之

発行所　株式会社　筑摩書房

東京都台東区蔵前2-5-3　〒111-8755

振替00160-8-4123

印刷・製本 凸版印刷株式会社

ISBN 978-4-480-87861-8　C0011

乱丁・落丁本の場合は、下記宛にご送付ください。
送料小社負担でお取り替えいたします。
ご注文・お問い合わせも下記へお願いします。
筑摩書房サービスセンター
埼玉県さいたま市櫛引町2-604　〒331-8507
電話番号　048-651-0053